销售中的博弈论诡计

张兵◎编著

化学工业出版社
·北京·

本书是畅销书《销售中的心理学诡计》作者又一力作！

销售，是销售员与客户之间心与心的博弈。销售员不仅要洞察客户的心理，了解客户的愿望，还要掌握灵活的博弈应对方式，以达到销售的目的。学习销售博弈论，赢得更好的销售成绩。销售中充满博弈，很多销售心理都可以采用博弈论来解读。

销售博弈拼的是买卖双方的经验、技巧和应变能力，有效掌握博弈法则，可以在残酷的竞争中游刃有余。本书就是试图通过销售中常见的例子，来介绍博弈论的基本思想及运用，并且寻求用智慧来指导销售的方法。解读销售中的博弈论，没有乏味枯燥的说理，而是以实用为主。作者选取了大量精彩好看的销售博弈故事，用销售中的现象和经验总结，来诠释博弈论的作用。

销售有无限种可能，也有无限种状况，无法穷尽生活中的各种可能，用博弈论的思维，许多难题都会迎刃而解，从而获取更多的收益。本书向没有经济学基础的读者展示了销售博弈中的顶级智慧，告诉销售人员如何在销售的博弈中，搞定各种各样的客户，取得成功。

图书在版编目（CIP）数据

销售中的博弈论诡计/张兵编著．—北京：化学工业出版社，2011.4（2024.5 重印）

ISBN 978-7-122-10525-7

Ⅰ．销…　Ⅱ．张…　Ⅲ．①销售-通俗读物②对策论-普及读物　Ⅳ．①F713.3-49②O225-49

中国版本图书馆 CIP 数据核字（2011）第 021146 号

责任编辑：孙振虎　　　　版式设计：韩　飞
责任校对：宋　夏

出版发行：化学工业出版社（北京市东城区青年湖南街 13 号　邮政编码 100011）
印　　装：德富泰（唐山）印务有限公司
710mm×1000mm　1/16　印张 16¼　字数 194 千字
2024 年 5 月北京第 1 版第 2 次印刷

购书咨询：010-64518888　　　　售后服务：010-64518899
网　　址：http://www.cip.com.cn
凡购买本书，如有缺损质量问题，本社销售中心负责调换。

定　　价：35.00 元

下一张底牌是什么

(代序)

人生无处不博弈，销售就是一场博弈，是一场智慧的战争。对于这样一场战争来说，需要的仍是“知己知彼，百战不殆”。打仗之前，你必须得充分了解自己和同盟者，还有对手的底牌。否则，出牌就成为真正的“轮盘赌”，而不是用智慧来获得成功。

在销售这场博弈战中，不只是双方，甚至还有三方，共同针对利益进行强劲较量！每个人都必须这样做——

不断挖出对手的底牌，而极力地隐藏自己的底牌；

不断增加自己的优势，以抵消对手的优势；

不断针对形势采取不同的态度，以占尽先机；

……

是的，你也需要这样做。了解自己的底牌，看清自己的优势，然后，不断地寻找对手的底牌和对手的劣势，只有这样才能打好这场销售博弈战。现在，请问一下自己：在这场销售博弈的较量中，我准备好了吗？

准备好——谁是我的对手，谁和我共享利益的盛宴？

准备好——在这场销售，我的策略是什么，是采取先发制人，还是后发取胜？

准备好——销售中，他的下一张底牌是什么？

准备好——下一步，我以何种方式亮出自己的底牌，既能震慑竞争对手，又不会把客户吓跑？

准备好——不幸处于销售困境中，我如何选择逃脱方式，完成一场真正的“智猪博弈”？

准备好——面临成败临界点，我的进退的优势是什么？

准备好——如何与合作者达到共赢博弈？

……

是的，问题远远不够。因为如果只是一场博弈，那么，问题最终会有终止的时候，但是，如果是销售，终止了与对手的博弈，那么，也就终止了你的利益。所以，我们需要重复博弈，我们需要做最后的胜利者！

这些，你都准备好了吗？

不要担心，我们为你准备好了。

《孙子兵法》曰：“上兵伐谋。”这是一本对销售也有借鉴意义的谋略之书。在本书中，你会了解——如何了解对手的底牌；如何采取策略，以防自己陷入被动；如何采取主动，同时又能减少传递信息的风险；如何为自己制订大单计划，完成自己计划的销售额；面对熊掌和鱼，如何尽量避免自己的利益缩水……

本书通过生动的解析和事例，从销售中的各个环节，比如，寻找客户、客户心理透视、竞争对手的较量、谈判策略等多方面，为你打开销售困局，赢得真正的销售成功！

不管你做不做销售，都需要这样一本书——《销售中的博弈论诡计》，这将是一本帮你赢得事业成功的人生指南和处世经典！

目 录

第 1 章　剪刀石头布——博弈开始啦

☆ 销售是一场“剪刀石头布”的博弈。在销售行业——你有竞争对手，他属于你的同行业；你还有更直接的对手，他是你的客户。而你想要完成合作、分割和争夺利益，那么，就必须要掌握销售中的博弈论诡计！

最先出的是石头 /2
负和、零和与正和 /5
销售的四重身份——给予者、联络者、收获者、说服者 /8
同等条件下，人们愿意和他们喜欢并且信任的人做生意 /10
不可不知的销售博弈论 /13

第 2 章　为什么“从南京到北京，买的不如卖的精”

☆ 有人说：“从南京到北京，买的不如卖的精。”这是因为对产品的了解，买卖双方的信息是不对称的。但是，这并不意味着，你可以凭借自己的信息优势去“欺诈”客户。因为再“傻”的客户，也会在购买产品后了解自己是不是被骗。而当你有了第一次欺诈客户，以后就会有无数客户的流失。

买的不如卖的精 /17
拿客户当笨蛋，有一天你会发现自己成了笨蛋 /20
掌握的材料越多，你就越能搞定大单 /23
世上没有一成不变的客户，也没有两次完全相同的交易 /27
把信息传到客户心里去——我吸烟的时候，可以祈祷么 /29
识破客户的虚张声势 /32
找出真正拍板说话的人 /34

目 录

第 3 章 猜中对手心——他心里到底在想什么

☆ 《孙子兵法》中说："知己知彼，百战不殆。"你只有先看透对手的下一步，才能让自己在整个销售环节中处于主动地位，赢得销售成功的先机。

从 1 到 100 的猜数游戏 /40
当出头鸟和第一个吃螃蟹的人是有危险的 /43
辕门射戟博弈——用强势信号使对手退却 /45
客户购买的动机是什么 /47
客户需要什么——如何抓住客户的购买需求 /51
谁会真正买——你的潜在客户在哪里 /54
正确判断客户的购买力 /58

第 4 章 为客户炖一锅"石头汤"——套取大单的博弈策略

☆ 一个阿拉伯流浪汉抱着一块大石头，敲开了一户很富有人家的门……他用"石头"做引子，用了富人家的灶台，进而，用了富人的盐、胡椒粉、肉末……最后，流浪汉把石头拿出去，邀请女主人一起分享"石头汤"。

☆ 于是，石头汤好了。想过没有，为什么会这样？是的，只是一个小策略而已。当然，你也可以！现在，来为客户炖一锅"石头汤"吧！

为客户炖一锅"石头汤" /62
蜈蚣博弈——运用倒推法来销售 /65
从客户的立场推测——以其人之道，还治其人之身 /68
吃亏的另一面是赢利 /71
选择比机会更重要——如果时光可以倒流，你会做什么 /74
耐心是成功销售的关键 /77
二选一法则——把主动权握在自己手中 /79

目 录

权威效应——客户只相信专家 /82
蛋糕在融化——避免利润缩水就是赢利 /86

第5章 针尖对麦芒——拜访、介绍产品与谈判的博弈诡计

☆ 拜访、介绍产品与谈判是针尖对麦芒的行为博弈。

☆ 你，准备好了吗？

鱼刺的价钱——讨价还价试探术 /90
有效陈述法则——每句话都务必说到点子上 /93
合理利用机会，避免客户的要挟 /96
价格博弈时，千万不要接受第一次开价和还价 /98
进二退一谈判法——用次要问题代替主要问题 /102
让客户亲身体验，客户就会主动签单 /104
销售中对客户说这些话，会让你死得很难看 /107
不要用“是”或“不是”来回答客户 /110
建立客户购买信心的N+1种方法 /112

第6章 假作真时真亦假——稳中求高、险中求胜的销售法则

☆ 争取利润是销售员的职责，而遇到“特殊”客户，就需要采取特殊的策略和手段。只有这样，才能避免交易陷入僵局，从而起死回生。

给客户一个购买的身份 /117
强迫法则——面对高墙，先把帽子扔过去 /121
给客户一点善意的“威胁” /126
为客户制造一个“假想敌” /128

目 录

惜售——在可控范围内增加产品的心理价值 /131
噱头，不要脱离本质 /135

第 7 章 引爆临界点——让客户内心的购买冲动一触即发

☆ 马克思有个著名论断，从资本到货币，是惊人的一跃！无论前期企业投入多大的资本，生产成本和服务，后期到底能不能收回投资，赢得利润，关键就是——销售。

☆ 可以说，销售是整个产业环节中成败的临界点！而销售成败的临界点则是——购买行为。那么，如何引爆你客户的购买冲动？

捕捉成交的敏感点 /139
捕捉潜在客户准备购买的早期信号 /142
辨别客户的假意和真心 /145
反复刺激客户的购买需求点 /149
一根稻草压死牛，小差异引发大不同 /152
宠物狗策略——瓦解潜在客户的抗拒心理 /154
咬断后腿法则——放弃没有意义的客户 /158
沸腾效应——将客户“99 摄氏度”的购买热情加“1 摄氏度” /161
客户的任何怀疑都是致命的 /164

第 8 章 买者和卖者之间的博弈

☆ 每个人的行为都不可避免是利己的，但正因为利己，才没有绝对不变的输赢，这局的合作，可能产生下一局的对抗。下一局的对抗，可能在瞬间转变为合作。

☆ 所以，要想将自己的利益最大化，首先就要懂得何时该先下手为强，何时该等待机会借势而上。

质量和价格的关系 /168

目 录

价格战不是每个人都能够打赢的 /171
认清客户抱怨的本质 /175
销售弱势方，冒险策略越早行动越有效 /180
智猪博弈——跟随借势策略 /183
失败不一定是成功之母 /186

第 9 章 同行一定是冤家吗——怎样对待无处不在的竞争对手

☆ 对手，有时候是朋友，有时候是敌人。有时候他们争强好胜地抢在你的前面，显得如此刺眼；但有时候，少了他们，却感觉闷闷不乐，销售都做得不顺畅。爱他，还是恨他？赞扬他，还是贬低他？冲上前去打倒他，还是退后一步相让于他？

☆ 销售中，究竟该怎样来对待那些无处不在的竞争对手？

同盟，还是敌人 /192
和对手成为朋友 /195
永远不要贬低竞争对手 /198
共生效应——天敌也可以成为救星 /201
两虎相争，必有一伤 /204
见好就收，切勿得寸进尺 /206

第 10 章 要一锤子买卖，还是要长期合作

☆ 商场亦如战场，同样讲究策略和技巧，同样需要天时地利人和。不过战场上两军殊死搏斗，没有常胜的将军，也没有必胜的战争。而商场中双方对峙博弈，不但有双赢互利的对手，还有地老天荒的胜利者。

☆ 因利益而起的一场拉锯战，是一锤子买卖博取最大利益，还是长期合作谋取长远利益？攻心为上，商场也需心理战，用哪些方法可以助你得到“人和”？

目录

为什么会有“一锤子买卖” /211

250 定律——每个客户身后都有 250 个潜在客户 /214

非价格忠诚——如何让客户继续保持对产品的忠诚 /217

分马定律——你凭什么打动客户 /221

长期合作——做地老天荒的胜利者 /225

第 11 章　谁是你的老客户，谁又是你的推荐人

☆ 你是否从未推开过那些写着“谢绝推销”的大门？是否曾在登门拜访时铩羽而归？

☆ 但是，如果你拥有老客户的推荐，那么成交即可水到渠成。

☆ 是否面对客户的质疑百口莫辩？是否分辨不清哪些才是可能购买产品的潜在客户？

☆ 有了推荐人的一句话，“众里寻他千百度”的客户，也就在蓦然回首之间。

☆ 现在，你要想清楚的是——谁是你的老客户，谁又是你的推荐人。

让客户从冷变热 /229

“谢绝推销”——拒绝的到底是谁 /232

老客户是最好的新客户 /236

客户往往选择与能够成为朋友的销售员做生意 /239

推荐人的一句话，往往是“一言九鼎” /243

当你被引荐给其他客户的时候 /246

后记

第1章

剪刀石头布
——博弈开始啦

销售是一场“剪刀石头布”的博弈。在销售行业——你有竞争对手，他属于你的同行业；你还有更直接的对手，他是你的客户。而你想要完成合作、分割和争夺利益，那么，就必须要掌握销售中的博弈论诡计！

最先出的是石头

在现实的销售交易中，潜藏的也就是“剪刀石头布”的博弈游戏。在客户、竞争对手和自己的互动中，保持着整个市场的平衡和利润的分配。

2005年，日本收藏家桥山高志准备拍卖自己收藏的一批画作。这批画作包括了著名画家塞尚和印象派大师毕加索的作品。为此，很多拍卖行争先向桥山高志争取拍卖权。最后，桥山高志在选择索思比拍卖行还是克里斯蒂拍卖行上一时拿不定主意。

后来，桥山高志童心大发，决定让两家拍卖行以“剪刀石头布”的游戏，来争夺拍卖物品的拍卖权。游戏的最终胜利者是克里斯蒂拍卖行，因为之前这家拍卖行的负责人回家曾向女儿请教，小女孩虽然年纪小，但却是游戏的高手，她建议父亲出剪刀，因为人们都会以为对手最先出的是石头。

游戏到这里似乎已经结束了。不过，值得一提的是，剪刀石头布的游戏并没有结束。在整个行为的过程中，都含有着高度的博弈思索。

首先，这场拍卖最终的获益者是克里斯蒂拍卖行，但是失败者并不是索思比拍卖行，而是桥山高志。如果他选择自己拍卖，那么，两个拍卖行都会接下佣金高达销售额12％的拍卖项目，而因为竞争，可能有一家会降低拍卖佣金，比如降到11％。

其次，整个拍卖环节，就已经具备了销售的性质。双方的拍卖员都拥有50%的胜利的机会，而拥有30%的选择权。在思索对手考虑下一步的选择的时候，做出击败对手的判断——“石头砸剪刀，剪刀剪布，布盖石头”。通过这个游戏，对于两个拍卖行来说，有下面三件事需要完成：①获得最大的利润；②争取客户；③击败竞争对手。

而这与销售都是一致的，在现实的销售交易中，潜藏的也就是“剪刀石头布”的博弈游戏。在客户、竞争对手和自己的互动中，保持着整个市场的平衡和利润的分配。

现在，我们从整个博弈环节，看看销售是怎么发生的。

第一，产品与客户决策的博弈

桥山高志最终将拍卖的最终决策权，给予两个最著名的拍卖行，因为在这里，他的画作可以得到最佳“拍卖”，比如，画作的拍卖价格。其实，每个客户也在寻找值得自己去“拍卖”的地方，而这，需要根据客户自己本身的综合价值进行对比。

比如，一个月薪3000的人，每天为生计奔波忙碌的人，就不会选择去购买一个豪华游艇。因为客户本身的“综合价值”根本达不到购买游艇的条件。在另一方面，也不是说一个拥有几亿财产的人就会去购买豪华游艇，很简单，一个晕船的富翁不会去购买。

所以，客户对产品购买决策的发生，与他的决策习惯、决策环境以及自身情况密切相关。

值得注意的是，购买行为是连续的。比如，一个没有购买电脑的客户，很难会去购买其他大家电；只有购买房子的客户，才会去进行装修。

另外，产品本身带来的品牌形象、售后服务，则是促使客户购买产品的另一因素。

第二，销售博弈的最佳方式是，提高产品的综合价值比

并不是一家产品的价格越便宜，质量越好，客户就可能去购买。他还要考虑这个产品的综合价值比，比如，除去产品本身，还包括品牌、售后、物流等都包含在产品的综合价值比之内。而对销售员来说，综合价值比，就体现在销售员个性化的服务方面。

有人说，优秀的销售员不是在销售产品，而是在构建市场。一件产品在不同销售员那里，就有不同的演绎。优秀的销售员会从各个方面提高产品的综合价值比，而一个普通的销售员则可能降低产品的综合价值比。很显然，一个客户经历了销售员的冷言冷语，就会对整个产品，甚至整个公司，报以不满的情绪。

第三，与竞争对手的博弈

作为同行来说，竞争对手并不是作为敌人存在的，而是为了维持整个市场稳定而存在的。从某种意义上说，没有竞争对手的博弈者是悲哀的，因为他根本不知道如何提高自己。

当然，现实是，没有任何销售不存在竞争对手。所以，任何销售环节的背后都有对竞争对手的调查。与竞争对手的过招往往不是直接的较量，直接“剪刀石头布”对阵，这个环节往往是隐性的。

对于销售员来说，很难会去参与整个营销计划，而是更多地采取“了解对手和自我”的方式，来争取客户，实现整个销售目标。没有卖不出的产品，只有不会卖产品的销售员。每个产品都有一定的行业竞争力，比如，价格优势、质量优势等。只有全面了解对手和自己的产品，才能通过对比，让客户选择自己的产品。

想要完成一个不错的博弈，那么，你需要找到一个与自己实力相当的对手，他可以是客户，也可以是你的同行竞争者。当博弈的双方开始销售的游戏，那么，整个交易环节就启动了。

负和、零和与正和

销售博弈并不仅仅是零和和负和，虽然为了生存，利益成为各方追求的最大目的，但是，并不是说，一定需要某方得到“输”的结局。往往，很多时候会出现双方或者多方“共赢”的现象。

一块农田旁边有三个灌木丛，里面各住了一群蜜蜂。某天，农田的主人经过灌木丛，觉得这三个灌木丛根本没有什么用处，还不如砍掉做柴火。于是，他从家里拿出斧头，开始砍灌木丛。

当他砍第一个灌木丛时，里面的蜜蜂赶紧出来说：“主人，您就算把这些灌木都砍光也没有多少柴火！并且，我们每年都为您的农田传播花粉，您就放过我们的家吧！”农夫想了想说道：“虽然你们帮我传播花粉，但是，没有你们一样有别的蜜蜂过来给我的农田传播花粉。”说着就把灌木丛砍掉了。

农夫来到了第二个灌木丛。刚动手，就出来一大群蜜蜂，他们对着农夫叫道：“你这个残暴的地主！想要破坏我们的家，我们不会善罢甘休的！”说着，就飞过去，蜇了农夫好多下。农夫又气又痛，回家上了些药，就把第二个灌木丛全都烧光了。

农夫刚到第三个灌木丛那里，就发现蜂王飞出来，它对农夫说道：“聪明的投资者，你可以看到这块灌木丛能带给你什么好处！你看，这是一丛黄杨树，木质细腻、硬实，等到成材之后肯定会卖出好价钱！并且，作为蜜蜂的我们，每年都能给您生产出很多蜂蜜和蜂王浆！这可是很大的经济效益，并且，您不需要付出任何时间和精力，何乐而不为呢?”农夫听后很高兴，于是接受蜂王的建议，经营起蜂蜜的生意。一年后，农夫不仅从自己的田地获得了不错的收入，而且出售蜂蜜收益更是惊人。而蜜蜂们因为有了稳定的“家”，整个群体更加强大了！

零和——损人利己

博弈在英文中，称为“gametheory”，既然是游戏，那么就会有赢有输。作为一场利益之争，那么，就有利益的输赢。当然，有一方输就有一方赢，所以，最初，博弈家认为，无论进行多少次对弈，输赢相加的最后都是为零——零和游戏。

对于农夫砍掉的灌木丛来说，他破坏了蜜蜂的家，最终获得了柴火，赢得了这场博弈的最终胜利。但是，对于蜜蜂来说，却失去了自己的家，所以，从博弈的整体来看，这是一场“损人利己”的零和博弈。

在销售中，如果利益压低到一定的空间，或者客户资源极其有限，那么，对于销售员和客户、竞争对手就是“生存”的竞争。不是你死就是我活。但是，最终那个赢者，是以牺牲另外一个人的利益为代价的。当然，也破坏了整个市场的平衡。

负和——损人不利己

如果在一场博弈中，不论任何一方都付出了惨重的代价，最终得不偿失，即虽然赢了却没有任何好处。这场游戏即为负和游戏。

上面的小故事中，蜜蜂蜇了农夫，失去了家园，而农夫被蜜蜂蜇到，也作其本意。双方都是损失惨重，没有任何赢家。

销售中，出现的恶性竞争往往会出现负和现象，比如，某些商家为了竞争，以极低的价格销售产品，甚至，没有任何利润。那么，虽然他击败了自己的竞争对手，那么也付出了惨重的代价。

而对于销售员和客户来说，如果客户没有从销售员那里购买产品，反而受到销售员的恶劣的对待，那么，这场博弈的最终结果就是负和。因为客户会告诉他的朋友，避免从销售员这里购买产品。

所以，负和博弈是损人不利己的，应加以避免为好。

正和——共赢

上面的故事中，后来农夫虽然没有得到柴火，却得到了蜂蜜和蜂王浆，而蜜蜂保住了自己的家园，壮大了家族，并且还为自己找来一个大“靠山”——农夫。

所以，销售博弈并不仅仅是零和和负和，虽然为了生存，利益成为各方追求的最大目的，但是，并不是说，一定需要某方得到“输”的结局。往往，很多时候会出现双方或者多方“共赢”的现象。比如，可口可乐和百事可乐之间的竞争，麦当劳和肯德基之间的竞争，都属于共赢的局面。

一场正常的销售博弈，最终的目的都是为了正和。客户和销售员都得到了自己想要的“利益”。而对于竞争对手来说，也可以从其他客户那里分得一杯羹。这样，一个销售员才能找到更多博弈的对手，赢得更多的利益，而客户也才能获得更好的产品。

很多时候，一场博弈只在一念之间，是追求成败还是追求共赢，都是可以选择的。关键是，你应该看得长远，并且找到良好的博弈对手。

销售的四重身份——给予者、联络者、收获者、说服者

当一个销售员为他的客户，提出最佳购买方案的时候，他就得到了客户的认可。同样，当一个销售员以“帮助者”的身份出现的时候，他就获得了一些人的肯定，也就拉近了他与下一个客户的距离。

如果想要获得，那么，就要付出。如果想要进行“博弈”，那么你就要说服一个人同你进行博弈。所以，对于一个百万业绩的销售员来说，他的身份不仅仅是一个销售者，而是集给予者、收获者、联络者、说服者于一身的。可以说，这样的销售员一定是一个博弈的高手，他懂得在为客户付出中获得大单，也懂得在联络的时候，说服他人。

给予者——你不是在牺牲，而是你喜欢给予

给予者并不是说一个销售员是牺牲自己的，而是“舍得”中的“舍”。销售员的利益在此时并不是和客户“对立”的，相反，而是处于同一阵地。聪明的销售员主要是给予，回报是放在次要的，他们总是在思考，他能够给客户什么，怎么给予客户。

美国汽车大王福特曾说：“假如有什么成功秘诀的话，就是设身处地替别人着想。”也许，你应该思考，你能给予客户什么。

是的，这是很重要的。

首先，你需要为客户解决问题。问题本身就是客户的需求。销售的重点不是在产品上，而是在能不能帮助客户解决问题。而你需要做

的就是通过产品为客户解决问题，让客户在产品销售中，做出明智的决定，从而获得自己的酬劳。一个购买羽绒服的客户，是为了保暖，而购买汽车的客户则是为了方便出行。而关键的问题是，他们不知道选择什么更明智。可以说，帮助客户做出明智选择，用最佳途径解决问题的同时，你也就使自己的利益达到了最大化。

联络者——功利心是联系的天敌

人们总是愿意从认识的人那里购买产品。所以，如果你不认识任何人，那么，你也就没有了客户。现在人们之间的联系如此紧密。不幸的是，很少有人能够找到结识目标客户的路径。因此，他要排查很多人，才能寻找到那个目标者。

不过，客户的数量却很多。在“中标”概率上，认识越多的人，客户也就越容易找到。所以，一个优秀的销售员总是在考虑，自己可能会和谁联系起来。他知道自己认识的或遇到的任何人都可能在他的关系网中，给予自己有价值的客户或者联系人。

当然，联系本身就带有“机遇”性，是在必然中寻找偶然的博弈。所以，认为“联系”一定会获得“回报”的销售员，往往会出现喜悦过后的悲伤。所以，为了“客户”而联系会让你“痛苦”地去寻找下一个客户。并且，人们对这样的销售者是极其厌烦的，因为人们讨厌和带着“功利心”的人交往，更别提购买他的产品了。

所以，一个优秀的联系者是“无为”的，但是却可以拥有很好回报。如果你为联系一个客户而疲惫不堪，那么不妨放下来，从一个关心者的角度，来对待下一个与你相遇的人。

说服者和获得者——无处不在的拥有

一项销售行为的发生，说服从给予就开始了，当然，获得也就从给予开始了。当一个销售员为他的客户，提出最佳购买方案的时候，他就得到了客户的认可。同样，当一个销售员以“帮助者”的身份出现的时候，他就获得了一些人的肯定，也就拉近了他与下一个客户的距离。

可以说，说服和获得，贯穿于一个销售员的整个销售行为中。不管是他为某个陌生人提供帮助，还是为某个客户的生日祝福。

同等条件下，人们愿意和他们喜欢并且信任的人做生意

客户不是天上掉下来的馅饼，需要经营，因为人们愿意和喜欢并且信任的人做生意，对于陌生人，他们首先是排斥的，因为“民风不古”，更多的人在进行交易的时候，都带有很大的戒备心理。但是，对一个熟悉的人，人们往往就减少了怀疑。

寻找客户是每个销售员的本职，也是每个销售员晋升为金牌销售员的唯一捷径。从本质上讲，客户和销售员，本身是互相选择的。对于客户来说，一个优秀的销售员和一个“普通”的销售员的根本区别在于，他们是不是能让自己买到满意的产品。而对于销售员来说，更愿意和有意进行交易的客户进行商谈，因为成功的概率要更大一些。对于那些不想购买产品的人，往往要费太多的精力去排查，并且成交量往往要小很多。

正像结婚一样，只有“郎有情，妾有意”，以后的婚姻才能美满，销售也是如此，只有双方各有所需，各有所求，整个销售博弈的障碍

才会大大降低，成功的概率也就更高。

相对于竞争对手来说，与客户的博弈往往是针尖对麦芒的，从客户的筛选，到产品的介绍，再到以后的谈判诸多环节，最后，签字完成交易。客户和销售员都是直面而谈的。

当然，客户不是天上掉下来的馅饼，需要经营，因为人们愿意和喜欢并且信任的人做生意，对于陌生人，他们首先是排斥的，因为“民风不古”，更多的人在进行交易的时候，都带有很大的戒备心理。但是，对一个熟悉的人，人们往往就减少了怀疑。

所以，如何让客户熟悉你，并且认可你，就成为你打开客户心灵之门的途径。

中间人——双向选择的最佳联系人

当一个人希望购买某个产品或者某项服务的时候，他最先询问的就是自己认识的人。当然，这样的人一般都有“购买”经历，从他们那里，他们可以了解整个交易的流程，并且认识他应该“交易”的销售员。所以，交易本身是连锁的反应，很少有交易是一锤子买卖，更多的是多次交易，重复博弈。在这中间，客户和销售员各取所需。

所以，如果你有客户，那么，你可以通过客户去认识更多的客户。当然，如果你有朋友，朋友的朋友就可能成为你的客户。这些中间人的存在可以大大地降低你寻找客户的时间，往往这些客户都是“质优”者。所以，如果你想成功，不妨去认识更多人，寻找更多的朋友。

让客户找到你：名片——客户的试金石

当然，并不是每个销售员最初都拥有很多的客户和朋友，并且这些人需求的产品也是有限的。而更多的人则是你不认识的。对于这些人你要怎么做?

一个从事地产的销售员接到一名女士的电话:“×××先生,您好。大概您不认识我,我想和您说的是,我和丈夫想要买一套大一点的房子,我们想跟您谈一谈。”销售员表示他乐意效劳,不过,他很疑惑对方是怎么得知自己的电话的,于是问道:“您是怎么得到我的电话的?”女士答道:“因为我的办公抽屉里已经有了您两打的名片。”很快,销售员和女士约好地点面谈,并帮助她完成了房子的交易。

也许,你会说,这是偶然的。因为那个女士的抽屉里已经有了两打名片,这就意味着,销售员要送出这么多的名片才能得到这样一单生意,当然,这也就意味着,在别人的抽屉里也有着这么多的名片。成交的概率多么小!但是,事实上并不是如此。两打厚的名片还证明着这位女士对你的熟悉,也证明着她对你潜意识的认可,对于她来说,这位地产的销售员并不陌生了。并且,这样一单的交易,恐怕已经让销售员赚足了。

是的,这就是名片对客户的功效——可以帮你获得见到客户的门路。

不过,值得注意的是,并不是每个名片都这么幸运地被人收藏。如果你热情万分地把自己的名片递给一个初次见到的人,嘴里说道:“如果您需要……找我肯定没错!”或者,“也许一个电话,就能解决您遇到的问题。”那么,你得到的恐怕是,当你转身的瞬间,你的名片就被丢进了最近的垃圾桶里。因为,这不是在递给别人名片,而是在递给别人麻烦。

记住,名片如同产品,不是用来给别人带来麻烦的,而是给别人带来需要的。所以,当你遇到某个人,不要急着上前递出自己的名片,而是在客户对你感兴趣之后,再递出名片,因为他们更愿意“先交朋友，后做生意”。

当然，并不是你递出名片的时候，都会和客户交谈。但是，如果你要保证客户不会当时就丢掉，那么，你可以把名片放在客户可以用信封接受的账单里，如电子账单、水费单、电话费单等，当客户打开信封的时候，就会看到你的名片。往往有所需要的客户，会把你的名片收藏起来，以备日后所需。

也许，收藏你名片的人并不需要你的服务，但是，这并不意味着他身边的人不需要你的服务，只要有所需求，那么，你的销售之门自然会打开。

不可不知的销售博弈论

博弈虽然是为了“利益”而争，但是却离不开人情世故。博弈离开了人情不会存在，因为想要对弈，必须与对方进行切磋。而一个品质低下的博弈者，人们自然不愿意与其打交道。

博弈的最终目的是获得利益，利益往往是构成博弈的基础。参与博弈的最基本假设前提就是——用理性的思索，使得自己的收益得到最大化。在经济学上，一种稀缺的资源，如果能为人所需，那么人们就会展开竞争，从中获得利益。所以，从本质上看，商业竞争的目的，就是博弈的目的。

在一场博弈战中，往往会包含几种势力，他们在某个环境中，进行自己利益最大化的谋划。对一场销售博弈，一般来说要有下面四个要素——

第一，博弈参与者

一场博弈要有两个或者两个以上的参与者。在一场销售博弈中，一共分为三块，即销售员和其所代表的公司、客户和客户的环境、竞争对手（可能是一个，也可能是多个）。在这三个势力之间，相互影响相互作用。任何一方的行为都可能影响整个博弈的结果。

当然，在此我们是以销售员为例来进行整个博弈环节的。

第二，争夺的对象

只有有争夺的资源或者利益，博弈才能发生。当然，这里的资源不仅仅指石油、矿物、土地等自然资源，另外，还有社会资源，如人脉、职位、信誉等也属于此范围。当然，参与博弈的人是受到利益的驱使。

在销售员和竞争对手之间，争夺的是客户，即客户带给自己的利益。越多的客户，就意味着越多的利润。

而在销售员和客户之间，争夺的是商品的利润空间。对于销售员来说，超出成本价，价格越高，获得的利润就越高，而对于客户来说，越低的价格，就意味着自己的成本越低。

在这三者之间，销售员、客户和竞争对手又是相互联系的。任何一方的改变，都可能会影响另外两方的决策。

第三，参与者能够自己选择策略

选择某个策略，对于销售员、客户和竞争对手来说，就是能够直接、实用地针对一项交易采取某些应对方式。比如，客户提出降价，这个销售员能够给出多大的降价空间，能不能降价，并针对自己的利益，采取措施。

选择策略的背后意味着，这三方都具有一定程度上的决策权。比如，销售员和竞争对手，具有把某产品或某服务卖给客户的权力，而客户拥有购买的权力。没有权力，就没有策略的执行，哪怕这个策略再好也无济于事。所以，如果你是销售员，想要把某件产品卖给某个人，那么，你就要确认这个人是不是具有决策权，如果这个人没有决策权，那么，你的努力就没有任何意义，花了精力却办不成事。

第四，参与者拥有一定的信息

信息是一场博弈的关键。《孙子兵法》说："知己知彼，百战不殆。"对于销售员和竞争对手来说，具有产品和行业的信息，也具有各自的信息优势。而对于客户来说，掌握着本身的信息，比如，自己的购买力、需求的产品类型，等等。所以，在整个信息环节中，了解对方更多的信息，尤其是劣势，就意味着自己的成功的机会增加。

比如，销售员掌握对手产品的缺点，而这点又是客户极为排斥的，而自己的产品恰好满足客户的要求，那么交易就很快倾向于自己了。

值得注意的是，博弈虽然是为了"利益"而争，但是却离不开人情世故。博弈离开了人情不会存在，因为想要对弈，必须与对方进行切磋。而一个品质低下的博弈者，人们自然不愿意对弈。另外，从本质上看，竞争对手、客户和自己本身都是相互依赖的，在互相掣肘中，完成利益的分配和均衡化。所以，销售不存在"致对方于死地"，而是通过依存共同得到利益的最大化。

第 2 章

为什么“从南京到北京，买的不如卖的精”

有人说：“从南京到北京，买的不如卖的精。”这是因为对产品的了解，买卖双方的信息是不对称的。但是，这并不意味着，你可以凭借自己的信息优势去“欺诈”客户。因为再“傻”的客户，也会在购买产品后了解自己是不是被骗。而当你有了第一次欺诈客户，以后就会有无数客户的流失。

买的不如卖的精

买主不是傻子，在进行交易的时候，作为信息不足一方的买者有时候会将价格压低到我们难以接受的范围内。所以，在信息和价格之间就有了博弈。比如，原本底线为50000元的车，客户压低到40000元，此时交易就无法进行了。所以，为了交易成功，我们就要尽量避免客户将价格压到底线。

有道是，"从南京到北京，买的不如卖的精"。所以，作为销售员的我们，在天时、地利上，往往都要比买主占优势。而这，就是信息的不对称原则。

比如，旧车市场上有两类车，一种是保养好的车，另一种是比较差的"次品"。每个买主都想用最低的价格买到最好的车，而每个销售员（卖主）则是想把每辆车都卖到最高价，不管是好车还是次品。

当然，销售员自然知道哪辆车好，哪辆车差，并且心里已经有了定价——每辆车的最低底线，而这些买主是不知道的。另外，即使买卖双方面对的是一辆都没有见过的二手车，销售员对车的质量和价格定位，比买主判断得更准确，价位也更接近底线。而买主就处于劣势，尤其，有些买主对汽车了解甚少，他们只是希望买一辆二手车来熟悉自己的车技，以后再换新车。

对同一种商品，对于买卖双方，信息是不对称的，而这个现象适用于所有的交易。

信息不对称早在1970年就被美国经济学家阿克尔洛夫提出了。在其著作《次品问题》中，他提到，在市场中卖方总是比买方了解更多的产品信息，由此，掌握信息较多的卖方就可以通过传递“信息”而在市场中获得收益。

所以，在交易中，为了避免自己被“坑骗”，买方就尽力地掌握更多的信息，以做出正确的决策。只要自己没有在协议上签字，那么，交易就不成立，而这就是买方的博弈杀手锏。

比如，上面的二手汽车交易，买主为了用最低的价钱，买到质量最好的车，就会在买车之前进行各种信息的收集，比如，从网上、报纸或者从其他一些二手车市上，进行了解，货比三家。在了解更多的信息，并在内心确定一个价格之后，在交易中，就会刻意压价，直到自己满意为止。毕竟，了解的信息越多，决策准确性也就越大。

当然，不管买主怎样去挖掘信息，他掌握的信息毕竟还是有限的，所以，在信息博弈中，销售员仍然占据着信息的优势。不管是他看到的同款产品还是不同款产品，买主都是要从售货员这里得到最终的信息，以确定自己是不是要购买产品。

不过，买主不是傻子，在进行交易的时候，作为处于信息劣势的买方有时候会将价格压低到我们难以接受的范围内。所以，在信息和价格之间就有了博弈。比如，原本底线为50000元的车，客户压低到40000元，此时交易就无法进行了。所以，为了交易成功，我们就要尽量避免客户将价格压到底线。

通过传递信息，让客户确定自己购买的产品在性价比上，值这个价。所以，告诉客户信息，以让客户确定自己在目前状态下，用最低价钱买到最佳的产品，就是每个销售员的基本功。那么，我们要从哪些方面去做呢?

专业感传达客户对信息认可性

专业感，代表着权威，只有你具备足够的专业感，才能在产品信息传达中，给顾客可靠的意识。如果你的客户不是一个专业的购买者，只是听说不错而购买，那么，你就必须确保自己的专业术语可以深入浅出，给客户一个明晰感性的观念。

当然，如果你的客户是个专业人士，那么，你就可以大刀阔斧地展示你的专业性。

只有沟通无障碍，交易才能无障碍。

确认产品信息的真实性

产品信息是博弈的关键因素。如果卖方从来没有接触过这款产品，那么卖方就需要足够的资料和证据，来使客户认可你的产品。你可以把以往客户的购买状况展示给你的客户看，让他认识到，其他客户对你的产品信息的认可。另外，你还可以从某个细节上，证明你的产品性价比是很高的。如果你是汽车的销售员，你可以给顾客展示，汽车发动机与其他汽车的不同，以确定产品足够优良。

只有客户认可你给予的信息是真实的，才可能有进一步的交易。

强化产品的卖点

当客户认可你和产品信息的真实性。现在，你就将产品的优势最大化，把自己的产品卖点呈现给你的客户。而强化产品卖点的过程，就是提升客户购买欲望的关键。当然，前提是你必须确定你的客户，是不是和产品卖点相吻合。

记住，当客户不准备购买产品，我们就是交易的弱势方，我们需要引起客户的购买欲望，让客户了解，产品对他的适用性；而当客户准备购买产品的时候，我们就具备了信息的优势，需要让客户确信他在这里购买，会得到物美价廉的产品。

拿客户当笨蛋，有一天你会发现自己成了笨蛋

销售从来不是单一的博弈。可以通过虚假信息，骗客户一次，但是，不可能一直骗下去。而且，销售员一旦失去诚信，那么，就没有未来可言了。

很多销售员以为掌握了产品信息的底牌，就拥有交易的主动权，甚至胜券在握，但是，事实并不是如此。最初的交易中，卖方具有信息不对称的优势。但是，这不是说卖方永远具有信息优势，一旦买方将产品买回，在使用过程中，经过自己进一步核实后，就可以判断自己买的产品是不是物美价廉。

甚至，关于某一件产品，客户了解的要比销售员了解的还要多，此时，信息博弈中，客户就具备了足够的优势，而销售员就处于信息博弈的弱势方。

明正德年间有个叫郑堂的秀才，在繁华的地方开了一家字画店。而郑堂本人也是精通书画，闲暇时间作画以自娱。

一天，店里来了一位叫龚智远的人，拿了一幅五代名家传世之作《韩熙载夜宴图》典当，当期 15 天。郑堂知道这是一件稀世之宝，所以，当场就付给了龚智远 8000 两银子。很快，15 天一晃而过。但是，到了最后一天，龚智远没有来赎画，也没有任何消息。郑堂不禁有些担心，拿出放大镜仔细分辨后，原来所谓的传世之作竟是赝品！很快，郑堂花了 8000 两银子买了赝品的事不胫而走，全城的同行都知道了。

知晓自己被骗的第三天，郑堂在家里办了10桌酒席，邀请全城的字画行家和名流之士参加。参加人士心思不一，有看笑话幸灾乐祸的，有同情的，有过来吸取教训的。酒过三巡，郑堂把那幅赝品从内室拿出来，挂在厅堂正中，对参加宴请的人说：“今天宴请诸位，郑某出于两方面的意思：第一，向大家表示郑某决心坚持立志于字画行；另一方面，是让各位看看假画，以免以后被骗，骗子的手法真是以假乱真。”

众人仔细看了赝品之后，议论纷纷，果然，不仔细看，看不出任何纰漏，只有用放大镜仔细研究，才能看出一二。

众人看完画后，郑堂一把将假画扔进了火炉，边烧边说：“假画不能留在世间害人！我郑堂还算略有资产，如果假画卖给穷苦一些的人，这个人一辈子都可能毁掉了。”众人看到很是震惊，而后又佩服不已。

很快，郑堂烧画震惊全城。

第二天，郑堂刚到字画店，就看到龚智远坐在厅堂等自己，说是有事耽误了赎画。郑堂道：“无妨，只误期三日，不过，需要加上利息。”然后，本息计算后，一共15420两。龚智远知道画已经烧掉，所以，很是平静，道：“好，请郑先生兑画即可！”郑堂回到内室，取出一幅画，拿给龚智远。龚智远打开画，两腿立刻瘫软了。

原来郑堂得知自己受骗，就自己仿造了一幅，并且到处声张自己被骗，而后就有了摆宴烧画，烧掉的画就是郑堂仿造的那幅。

赝品无论卖到多高的价钱，终究是赝品，自然也就会有被发现的一天。而当劣质产品被发现的那一天，买卖双方就有了信息的平衡。而后，在卖方龚智远窃喜之时，郑堂正在部署如何进一步博弈：仿造赝品、宴会烧画、引其出洞。

最终，贪心不足的龚智远以为赝品已烧，上门取画，以为难郑堂，但是赝品仍在，最终害人终害已，在进一步信息不对称的博弈中，花高价赎回了自己的赝品。

所以，永远不要把客户当傻瓜。即使，最初客户在信息博弈中处于劣势，也不要为了贪图利益而坑害客户。市场的持续性和交易多次的重复性，为交易的双方提供了产品多次博弈的可能性。只靠一锤子买卖进行交易的产品永远不会有前途，真正的交易之道，在于久而不在于一时。

所以，关于产品的交易的最终导向永远是诚实守信，而不是坑蒙拐骗。否则，交易只能成为一次性的交易，甚至，你还可能因为一次性的交易毁掉整个销售生涯。因为对于销售员来说，失去了信用，就失去了以后交易的资本。

那么，在产品信息传递中，你怎样表达自己的诚实守信呢？

知之为知之，不知为不知

销售员不是万能的，自然，在面对一些偏颇甚至尖端的问题时，是不可能给客户完善的解答的。所以，当自己不知道的时候，可以直接告诉客户，自己不懂，可以向其他人请教之后，再告诉客户。

否则，不知道却说得条条框框都很“清楚”，最后，被客户识别，害的终究是自己。

不要把自己的想法强加给客户，误导客户

每个客户在购买一个产品的时候，都会有最初的想法。希望自己的产品是什么样子的，能够适合什么样的环境，价位如何等。当销售员将他想要购买的产品信息传递给客户的时候，往往会带着自己的想法和见解。

一些本身犹豫不决的客户就会按照销售员的意思去购买某个产品，结果到了家之后，就后悔了，因为产品虽然好，但不适合自己。

总的来说，销售从来不是单一的博弈。可以通过虚假信息，骗客户一次，但是，不可能一直骗下去。而且，销售员一旦失去诚信，那么，就没有未来可言了。

掌握的材料越多，你就越能搞定大单

只有掌握足够的信息，你才能避免不良信息的传达。如果你喜欢看足球，但是，你的客户恰好对此不感冒，那么，即使在世界杯期间，你最好也不要去谈论足球。这会让你的客户大为光火。自然，进一步成交的可能性也就大大降低了。

不管是销售员，还是客户，从心理角度上，都不愿意和陌生人做生意，原因很简单：不了解，有风险。销售员害怕在这个客户身上白费精力，而客户则害怕从销售员那里买了次品。从博弈论上说，两个互不了解的人，是不可能发生博弈的，如果是博弈，也只是一次性博弈。

相反，两个越了解的人，才越会出现重复博弈的情况，由此，也就造成了“亲者愈亲，疏者愈疏”。所以，如果你想要促成更多的交易，完成更多次的博弈，那么，你就必须了解客户的信息，同时，你也必须把自己的信息传递给客户，以让客户判断，你是不是他下一次交易的对象。

不幸的是，很多销售员把更多的精力都放在如何努力地了解客户方面，却忘记了另一方面：让客户更多地记住自己，把自己的信息传递给客户。

信息传递从本质上说是一个互动沟通的过程，有来有往，才能成交易。所以，你要做的是，不断地收集客户的信息，同时，也把自己的信息传递给客户。

周五下午，周青在超市遇到了客户苏主任的妻子。两个人寒暄了一番，正聊着的时候，苏主任的妻子电话响了，只听她说："炎炎，怎么了？钢琴课今天老师没来？行，那我接你去。"

周一下午，周青按照约定的时间，整理了产品的资料，去见苏主任。两个人关于项目和产品谈了很久。周青将各种问题详细讲完，看苏主任还是没有成交的意向，也没有多说什么。开始整理资料，不经意地问了一下"苏主任有兴趣听音乐剧么？我正好有三张国家大剧院的票，这周四晚上的。因为喜欢听，朋友特意给我留了三张。不过，一个人去听也没啥意思。"

苏主任眼睛一亮："哦？喜欢啊，因为我喜欢，我女儿都在音乐学院学钢琴呢！"两个人就聊起音乐来，走的时候，苏主任仍是意犹未尽。

这一轮的信息博弈中，周青先了解了苏主任一家中，有喜欢音乐的人。于是，在介绍产品之后，周青就将自己喜欢音乐的信息传递给苏主任。

可想而知，苏主任和女儿去了音乐会。经过一晚的相互了解，苏主任和周青都有了更进一步的了解。当然，周青在此期间自然不会流露出自己对音乐的一无所知，不管是恶补，还是本身就喜欢，都可以加深苏主任对周青"知己"的认识。

无论做什么事，我们都愿意和自己相似的人交往。当然，交易也是如此。每个客户都喜欢从熟悉的销售员那里购买产品，因为他知道这个销售员卖的不仅是产品，还有包括产品背后的情感和心理。在交流过程中，顾客经过更进一步掌握对方的信息，以确定自己是不是和销售员进行下一次生意。

上例中，苏主任接收了周青喜欢音乐的信息，从进一步了解周青的时候，就会将周青的人以及他的产品纳入自己的接受范围内。认可一个人，于是认可这个人的附属的东西，而这就心理学中的“晕轮效应”。销售中也是如此。这就是信息的博弈，一来一往，而交易成功。

当然，在逛超市时，就可以了解一两个客户的信息，简直是太偶然了。所以，更多收集客户信息都是有意而为的，那么，你需要从哪里收集客户的信息呢？

没有打过交道的陌生客户——企业黄页、电话初步确认

虽然每个销售员都喜欢和老客户做交易。但是，挖掘新客户也是每个销售员都必须做的事。如果有客户主动介绍最好，如果没有客户的介绍，那么你就需要借助网络、电话等工具。

初步打交道的客户——他身边的人深度挖掘

一般的时候，如果你要找的是大单位的负责人，他们都藏在很多人背后，比如，保安、前台、秘书等。也许，第一次你接触不了你的客户，但是，你可以从这些人身上得到客户的信息。比如，电话、姓名，如果你和他们之中的某人处理好关系，还能得到客户的家庭、婚姻等等一些深度信息，甚至一些关于项目进程的第一手资料也可以获得。

环境透露的信息——隐性信息的存在

你可以从别人嘴里得到客户信息，也可以从自己的眼里看到客户的信息。如果你有幸进入客户的办公空间，就可以从他房间的摆设、书籍、饰品等方面，认识你的客户。当然，你还可以从客户的衣着、言谈、身体语言等方面，了解客户的性格。

当然，不管你以什么方式去收集客户的信息，要注意下面两点：

① 当你拜访重要客户时绝对不能询问客户资料。

② 不要侵犯客户的隐私。

掌握的客户的信息越多，你进行信息传达的机会也就越多。那么，如何向客户转达你的信息呢?

找到契合点

棋逢对手，将遇良才，你需要传递出你和客户是契合的信息，包括谈话的方式和工作的节奏感。从顾客的信息中，找到你的信息的契合点，并将这点放大。将客户的需求点和产品的优势契合起来。如果你的客户是高效主义者，你即使是个慢性子的人，也要行动快一些。在介绍产品、展示产品等环节时要快速而有力。

规避不良信息的传递

只有掌握足够的信息，你才能避免不良信息的传达。如果你喜欢看足球，但是，你的客户恰好对此不感兴趣，那么，即使在世界杯期间，你最好也不要去谈论足球。这会让你的客户大为光火。自然，进一步成交的可能性也就大大降低了。

小贴士：博弈客户信息记录卡

你需要为你的客户准备一个信息记录卡。将客户从教育背景到婚姻状况，从工作经历到目前主要负责的内容，从个人生活细节到身体疾病状况，都要有详实的记录。

如果有客户新的信息，最好及时更新。

世上没有一成不变的客户，也没有两次完全相同的交易

在销售博弈中，每个人都在最大化地实现自己的利益，如果你的客户没有背叛你，只不过是因为他没有找到更合适的下家而已。

做销售需要牢记——世上没有一成不变的客户，也没有两次完全相同的交易。在客户与销售员的博弈中，即使形式内容和原来都似乎是相似的，也仍是不同的两次交易。原因很简单，客户的信息在变化，产品的信息在变化，而销售员的信息也在变化。

一个卖草帽的人赶集回家，剩下了一些草帽。碰巧路边有棵大树，于是就把草帽放下来休息，刚打了一个瞌睡，发现草帽竟不翼而飞了。他很着急，不经意抬头，发现树上站了很多猴子，每只猴子的头上竟然戴着他的草帽！

卖帽子的人烦恼异常，这么多猴子，怎么才能把草帽追回来？他灵机一动，想起猴子有个模仿的习性。于是，他伸伸懒腰，猴子们也跟着伸懒腰，他举起左手，猴子们也举起左手，漫不经心，他又很随意地把草帽丢在地上，猴子们也纷纷把草帽扔了下来。卖草帽的人惊喜万分，把草帽匆匆收起来就走了。

回家后，他把自己的奇遇告诉了儿子和孙子。几十年后，孙子继承了家业，在他身上也重演了爷爷的经历。面对偷走他草帽的猴子，孙子想起了爷爷的话，于是，把草帽不经意间扔在了地上，但是，猴

子并没有照做，他丢下的草帽反而被一只机灵的猴子抢走了！那猴子跳到树上，叫道：“哈哈，你以为只有你爷爷聪明啊！”

这个小寓言看似可笑，但是这却剖析了博弈的精要。“猴子家族”和“草帽家族”关于草帽的博弈中，“草帽家族”的孙子刻板地以为，只有自己知道——猴子具有模仿信息，却忘记了猴子家族的信息也是在变化的。“你以为只有你爷爷聪明啊！”在猴子的嘲笑中，他失去了最后一顶草帽，这就是固定思维、信息落后造成的后果。

而这个道理在销售员、客户和竞争对手之间也在不断地重复着。因为信息没有及时更新，失去交易的人何止一两个？所以，千万不要以为，自己曾经掌握了够多的信息，就自以为单子跑不了，或者曾经因为和老客户交易多次，就以为这次的交易仍是你的。

销售中，讲究的是实战，谁占有最近最及时最可靠的信息，就等于掌握了交易的引擎，可以随时引爆；相反，如果只有落后的信息，那么，自己只有被“炸”的份儿。所以，为了交易成功，你必须淘汰已过时的信息，筛选出最有效的销售信息。

信息淘汰和更新，就是古人所说的，“知己知彼，百战不殆”。信息不对称不只是发生在关于产品的问题上，还发生在对客户的认识，对竞争对手的认识上。

面对同一个客户，当你和对手知道的信息都相同的时候，可能胜败各有50%；而当对手对客户了解的信息超过了你，那么就造成了信息的不平衡，你就可能只有20%的成功概率。对手“隐藏信息”的存在，就可能让你失去多年的老顾客。

在现代的社会，产品优劣虽然是客户选择的重大因素，但是，在同一种环境下，两家规模几乎相同的企业，他们的产品性价比又有多大的区分呢？同样是做饮料，只有可口可乐、百事可乐并驾齐驱；同样是做运动系列产品，只有NIKE和阿迪达斯，超越其他家。但是，他们的产品真的有很大不同么？

很显然，不是的。关键是，他们掌握了最新的信息，只要有新的企业想要“出头”，就会被排挤，所以，在同一平台上，可口可乐和百事可乐之间，很难再有一个新的竞争对手的空间。当然，如果对方有新的主打产品出现，自然，一方就有新的产品跟随而上，在竞争中得到新一轮博弈的平衡。而稍一滞后，恐怕都会被另一家所兼并。

记住，销售从来都不是一成不变的，更不可以用一成不变的思维去进行销售。即使你面对的是合作很久的老客户。在销售博弈中，每个人都在最大化地实现自己的利益，如果你的客户没有背叛你，只不过是因为他没有找到更合适的下家而已。

把信息传到客户心里去——我吸烟的时候，可以祈祷么

对客户不好的消息，就要同时告诉他。几个不好的消息同时公布比分开公布，对客户的伤害性要小得多。因为他接受一个坏消息，就要对交易的前景进行一次预测。当重复预测后，客户也就失去了交易的信心，更趋向于保守，尽量减小交易的额度和可能性。

某老板到外地出差，刚下飞机，就接到了女秘书打来的长途电话，秘书说，老板心爱的波斯猫爬上屋顶，不小心从上面掉下来摔死了。老板很是悲痛，悲痛过后，对女秘书大吼道：“这么大的事情，在我毫无思想准备的情况下，你竟然就直接打电话跟我说！你应该先打个电

话，说猫爬上房子，然后告诉我猫出事摔死了！”女秘书连连应声。

不久，老板外出旅游，快到宾馆的时候，接到秘书的一个电话。内容是：“你爸爸爬上屋顶了！”

是的，这是一个笑话，但却告诉我们，信息的传递是讲究策略的。比如，一个信徒想在祈祷的时候吸烟，他问牧师：“祈祷的时候，我可以吸烟么?”牧师的答案是否定的。但是，如果他问：“我吸烟的时候，可以祈祷么?”显然，他会达到目的。这就是信息的传递策略，用不同的方式传递信息，效果就是大相径庭的。

因为在信息传递的过程中，接收者对一件事物的状态变化进行了进一步的分析。比如，上面的信徒，先给牧师提出的信号是——他是在做祈祷，而后面吸烟信号的传递，就会给牧师这个信徒不虔诚的预设。相反，当信徒第一个信号是——吸烟，然后再发出第二个信号，牧师的预设，就变成了这个信徒是虔诚的，甚至吸烟的时候都在想着祈祷。

市场交易也是如此。当销售员提出一个信息，客户就会通过接收信息，而对这项交易进行预测，其中包括两方面，一是利润的额度，二是损失的成本的额度，当客户进行权衡后，就会做出不同判断。

当然，普通客户面临一项交易都会有这样的两种普遍心理：

① 面临获得的情况，倾向于保守，规避风险

一个仅有10万元的客户，当他面临两项交易：交易一，他可以获得10万元；而交易二，成功的话，他能赚取20万，但是失败的话，他就要把自己的10万赔进去。很显然，这个客户就很可能选择交易一，而放弃交易二。

② 面临失去的情况，倾向于冒险，意图获利

一个客户有30万元，面对两项不得不做的交易，交易一，他可能损失10万。而交易二，如果成功的话，他就不会损失，而失败的话，

就可能损失20万。很显然，这个客户会选择交易二。

当然，得失是比较出来的，并不是一定的，比如，客户选择了获得10万元的交易，同样意味着他失去了获益20万元的交易。这不过是因为他的参照点不同，而对交易进行的预测不同罢了，前者的参照点是获得，而后者的参照点为失去。

所以，在传达一项交易信息的时候，你就可以通过改变客户的参照点，而改变客户的预测，进而改变交易的行为。一般来说，低标准更容易让客户谨慎行事，采取保守行为，而高标准则会让客户采取冒险行为。

在具体信息传递时候，你还要注意这几个原则：

① 坏消息同时公布

对客户不好的消息，就要同时告诉他。几个不好的消息同时公布比分开公布对客户的伤害性要小得多。因为他接受一个坏消息，就要对交易的前景进行一次预测。当重复预测后，客户也就失去了交易的信心，更趋向于保守，尽量减小交易的额度和可能性。

② 好消息要分开公布

好消息分开公布，就会让客户对交易进行重复的前景预测，进而加深去交易的印象。相反，如果你同时告诉客户，那么，他就会只做一次前景预测，自然，交易的额度和可能性也就会降低。

③ 大的好消息和小的坏消息同时公布，坏消息在前，好消息在后

当大的好消息和小的坏消息分开告诉客户时候，客户的坏消息带来的情绪就会被好消息所冲淡，减少了客户负面的前景预测。

④ 大的坏消息和小的好消息分开公布，坏消息在前，好消息在后

大的坏消息告诉客户后，客户会对交易前景做消极的预测。当客户接受这个预测后，将好消息再告诉客户，就会让客户在原来的预测（参照点）后，产生积极的前景预测。

总的来说，面对不同的信息，你要采取不同的信息传递策略，这样，才能把信息传到客户心里去！

识破客户的虚张声势

有的客户会直接告诉你，已经有人可以给自己低价。那么，此时你也要拒绝对方的条件，并对他提出的条款进行质疑。当然可以的话，你还可以针对一些模糊的数据，让他给予证明。对于这类虚张声势而言，最好的办法就是让他拿出底牌。

虚张声势就属于一种博弈策略，其目的就是为了混淆对方的已知信息，进而引导对方做出错误的判断和行为，以达到对自己有利的目的。

在谈判中，虚张声势也是很多老手经常使用的策略，所谓“兵不厌诈”，所以，往往会取得不错的效果。即使客户处于劣势的时候，即你的资源（产品）为多家客户所需要的时候，他们也会使用这种方式。

客户：“我们提出的价格已经到了极限，想要把你们的电子产品卖给我们，就得接受我的提议，我们可以成交吗？”

销售员：“对不起，恐怕不行，销价总要高于造价，不然生意就没法做了。”

客户：“但是，付你们这个价码，我们就没有竞争力可言了。现在市场不景气，日本人又倾销了大量的电子产品，我们销售总量已经跌了三个季度（虚张声势之一）。”

销售员：“这真是让人伤心，但是，我们也没有办法，我们这已经几乎是造价了，大家都了解这个行业，制造业本身就利润低廉得很。”

客户：“这样的话，我们可以顺便拜访一下其他的厂商（虚张声势二），不好意思，我要走了。”

销售员：“我已经两次降价，已经展示了合作的诚意，但是现在看来一点进展都没有。那就暂时到此吧，我们明天也有事情要谈。”

客户的虚张声势，目的只有一个——“镇住”对手。所以，你需要针对客户的虚张声势的内容采取对策：

诉苦型“虚张声势”

上文虚张声势一的“我们销售总量已经跌了三个季度”，就属于此范畴，意思是自己没有利润空间，不可能再提价。面对这个状况，不要“心慈手软”，商场就是战场，当面对客户抱怨利润空间低的时候，你就要表明，自己的利润空间也已经压到了极限。

恫吓威胁型

很多客户都以“拜访一下其他的厂商”等方式，暗示销售员，我们可以和其他商家合作。这个时候，你就要强调自己的诚意和努力，将合作不成功的问题转移给客户。

有的客户会直接告诉你，已经有人可以给自己低价。那么，此时你也要拒绝对方的条件，并对他提出的条款进行质疑。当然可以的话，你还可以针对一些模糊的数据，让他给予证明。对于这类型的虚张声势而言，最好的办法就是让他拿出底牌，而不是去猜测究竟如何，很多时候，你的“直觉”往往在这个方面害了你。

总的来说，实证法是面对虚张声势最好的办法。如果客户拒绝为你提供实证，那么，就要分析客户背后的心理。很多人都讨厌虚张声势的人，所以，在这个过程中，避免自己流露出厌烦情绪，以免客户被揭穿而恼羞成怒。

值得注意的是，并不是所有的客户都喜欢虚张声势地去谈判，一些客户还会讨厌这种方式，他们认为这是为公德所不允许的，所以，你必须结合自己的信息和数据，判断客户的虚张声势是真是假。比如，客户的为人，自己产品的利润空间等，以免误会客户，让本来可以成交的大单泡汤。

另外，当你和客户进行谈判的时候，还要注意不要去纠正客户的观点和愿望，另外也不要进行预测，控制住自己的偏见。毕竟，交易本身就是“求同存异”的，只有和客户达成交易，双方才能够获利。

找出真正拍板说话的人

不管是什么样的方式，和真正拍板说话的人面谈的最佳方式，莫过于让他主动来找你。产品最佳的销售途径是卖给需要的人，这样才能够最快达成协议。所以，你需要提升自己的品牌性。

曹操南下，准备一举灭掉屯居江夏的刘备，同时曹操准备招安孙权，是战是和？面对百官的争执，孙权很是烦躁。而此时的刘备面临曹操重兵压境，也是惴惴不安。于是，孔明主动请缨，到江东说服孙权联合抗曹。

当孔明一叶扁舟到了江东，虽然见到了江东的第一掌权者孙权，但是，孙权并没有表态。诸葛亮于是舌战群儒，横扫江东文臣名士。虽然如此，孙权也没有应下孔明“联合抗曹”的主张，而是把这件事，四两拨千斤地转到了周瑜那里。

最终，闯过诸多的"无用"角色，诸葛亮才终于和真正拍板说话的人——周瑜会晤。随着谈判的继续进行，两个人更是在赤壁之战中，斗智斗勇。

商场如战场，就一个大单位而言，每个真正拍板说话的人也都是藏在诸多的人之中。这诸多的人既是寻找拍板人的阻碍者，也是寻找拍板人的线索。诸葛亮说服孙权联合抗曹，虽然孙权不发一言，但是，舌战群雄却让他意识到，刘备与曹操一战的决心和实力。可以说，那些人对于孔明而言，反而成为他成功表达抗战信息的最佳方式。

而你想要找到真正拍板的人，也是如此，通过阻碍者来寻找拍板者的线索。在具体操作上，你可以这样做：

前台

前台可能并不知道真正的决策者是谁，不过，如果你可以识别有效信息，那么你就可以从中找到你想要找的人——决策者。

"上午好，我是×××。谁负责你们办公用品的采购?"当然，你也可以问谁负责年会演讲人的安排，谁负责广告的推广等。看看你需要销售什么产品，那么，就找相应的负责人。一般来说，前台会因为事情的"严重性"，会回答你的问题："哦，等一下，×××先生负责，需要转接么?"当然，她可能也不知道具体的名字，但是，她会为你转接电话到你需要的部门。

于是，你的线路就会接到决策者的办公室。

在这方面，不要给对方自己是"陌生来访者"的信息，这样的信息，会让他们果断地拒绝你。当然，在这之前，你需要获得这个公司某方面的信息，以显示出你的老客户的风格。

秘书

相对前台来说，秘书是个严格把关者。她有责任为上级阻拦不必要的电话，不过，她还有责任为上级接待合格的客人。当然，面对一个陌生的电话，大多数人认为："这个电话无关紧要，是白费口舌的推销者。"

所以，在没有真正得到秘书认可之前，不要暴露你过多的信息，相反，你需要掌握更多关于决策者的信息。

你可以这样打电话去掌握决策者的信息：

第一关

秘书："早上好，×××办公室，请问需要帮忙吗？"（信息1：决策者的名字是×××。）

销售者："早上好，我是×××，请问×××在吗？"（决策者的名字，即信息1。当然，你可能也从其他途径获得了决策者的名字，比如前台等途径。）

秘书："您是从哪里打来的？"——秘书在疑惑，既不能认定你是陌生人（你的口气和内容，让她意识到，你可能和她上级认识），也不能肯定你是熟人，因为她没有印象。

销售者报上地名，虽然你知道她想确认你是哪个企业的，或者是干什么的。然后，反问"请问你叫什么？"

秘书："我是×××。"（每个人关于问到自己名字都很敏感，会下意识地回答。）

销售员："哦，×××早上好。这是关于你们公司年会的一些事宜……"（信息2：秘书的名字是×××。）

于是，和秘书进行交流，如果幸运，你可能被她推荐给上级。

当然，也有可能秘书对这些不买账，她不想被你打断话题，接着问你：“我是想问你们公司的名字。”或者“你们单位的性质是什么？”此时，就要透露自己的信息了，将自己的产品和其公司最大的利益相联系。

比如，优化公司电脑系统，或者为其公司创造收益等等。力求客观真实，而没有过度夸张。

第二关

事实上，很多时候，你掌握了信息1和信息2之后，就要及时放下电话，防止对方产生芥蒂心理。因为对于客户来说，她认为你在耽误她宝贵的工作时间。

所以，你可以第二天再去打电话。

销售员：“上午好，×××（秘书）。”

秘书：“哦，是的！”——她听着这个声音会有熟悉感，在想你是谁。

销售员：“请问×××（决策者）在吗？”

秘书：“×××在/不在。”

如果在，你就可以让她帮忙转接电话，和真正拍板的人交谈。当然可能秘书会想到你就是昨天打电话的，甚至还不知道你准备做什么。所以，会有一番进一步的信息博弈。

不管是什么样的信息博弈，总是有成有败，你不过需要从中找到最适合你的方式。因为个性和气质原因，每个销售员传达的信息的方式都是不同的，适用于其他人的并不一定适合你。就像诸葛亮舌战群雄，先镇住江东文臣之后，才会去面见周瑜，如果刘备去江东就是另一番策略了，毕竟，刘备并没有诸葛亮的口才，他擅长的是以情动人。

当然，不管是什么样的方式，和真正拍板的人面谈的最佳方式，莫过于让他主动来找你。产品最佳的销售途径是卖给需要的人，这样才能够很快达成协议。所以，你需要提升自己的品牌性。

在平时，不妨去浏览客户公司的网站，绕开底层的工作人员，直接向决策者展示你的能力。比如，撰写他们会看的文章，或者在他们公司网站上留言。用以吸引你的客户，值得注意的是，这些可能效果很不明显，毕竟，被发现，需要他人的主动性，同样，你也需要长期积累深层次的见解。

第3章

猜中对手心——他心里到底在想什么

《孙子兵法》中说："知己知彼，百战不殆。"你只有先看透对手的下一步，才能让自己在整个销售环节中处于主动地位，赢得销售成功的先机。

从 1 到 100 的猜数游戏

在一场交易中，客户会传递出很多信息，这些可能会有助于你认识客户的下一步想法，但是，有的可能会混淆你的判断。并且不同客户的表现是不同的。所以，当你在整理客户信息，考虑客户的下一步想法时，就要学会避免冗杂信息。就像学芭蕾的人脚尖高速旋转似的，会以某个东西为中心，并避免自己转晕！

有一种猜数游戏，从很多电视购物节目中，你可能见到过。从 1 到 100，现在已经从中选出某个数，参与者需要做的是猜中这个数，如果猜中了，那么他就会得到丰厚的奖品。不过，他猜数的机会只有五次。如果五次都没有猜中，那么，游戏结束，这个人则一无所获。

第一次，50。的确，这是大多数人的猜测。但，这个数高了。

第二次，25。这也是大多数人的猜测。低了。

第三次，37。这也是有些低。

第四次，42。还是低。

现在只剩下最后一次机会，如果一共有 43，44，45，46，47，48，49 七个数。

你会猜什么？

不幸，不是 44，也不是 47 和 49。但是，机会已经用完了。

答案是 48。

想过没有，为什么在最先筛选数字的时候，很多人都会使用半数策略？从本质上说，这是一种搜索方式，技术术语叫最小化平均信息量。当所有的人都使用这种方式进行猜测的时候，那么，设计者为了避免数字被猜到，就尽力使数字远离半数策略。这就是博弈本身，在首先考虑对方想法时，选择下一步策略。

博弈本身的关键就是让自己处于对方的立场，看清对方的下一步，这样，就降低了自己失败的概率。当然，销售博弈更是如此。你需要猜测的是你的客户和对手都在想什么，当然，从另一面来说，你需要避免让对手了解你在想什么。那么，你才能成为真正的赢家。

一个成功的销售者，往往在第一次与客户进行见面的时候，就能看穿客户，并有针对性地把信息传递给客户。这样，客户内心得到很大的满足，交易成功也就水到渠成。可以说，火眼金睛和缜密的心思，是每个优秀销售员的必备技能。

一般来说，客户在第一次与销售员见面会思考的问题：

第一，很想购买此种商品，但是，仍在意价钱的高低。你要做的就是告诉他合适的价格。

第二，想买，而且了解产品的价格。不幸的是，他不能如期付款。你要做的是，说明产品的支付条件和方式。

第三，不知道自己是否将购买。这样的客户想了解更多问题，以便自己做下一步的决定。你要做的是，详细地为他介绍产品，为他做决定做准备。

第四，根本不想买。

当客户有这些想法的时候，就会出现相应的情绪，比如，紧张、兴奋、担心、惊讶、厌烦等。

紧张往往出现在想要购买产品的客户身上，但是，他们不想被欺骗，所以，他们会武装自己。所以，你首先需要缓解他的紧张，比如，说一些家常话，或者站在客户的立场分析产品。另外，最为关键的是，你要针对他的态度，来为他提供有价值的信息，以让客户确认你是值得信任的，你传达的信息值得信任，进而认为你的产品也是值得信任的。

值得注意的是，越接近成交，客户越想知道你的下一步想法。正像你想知道客户如何准备成交一样。在客户探索你以何种手段完成交易的时候，他也在采取相应的形式，阻碍你的说法——毕竟，他需要绞尽脑汁拒绝购买产品，这样，就避免花掉辛苦赚来的钱！

当然，想要提前知道客户在想什么，经验是尤为重要的。客户本身就是销售员的镜子，你的每个信息传递，都会在客户身上做出反应。一些客户的意见表很重要，尤其是当你失去了某个单子时。客户的意见往往是造成你致命失误的地方，而在失误之前，你的客户肯定有相应的行为或者语言上的“无意识暗示”。

总的说来，想要炼成自己的火眼金睛，就要先搜集更多的客户，认识更多的客户，分析更多的客户。下面是客户的小暗示，你可以据此判断客户下一步的想法：

不安地看周围的环境

这样的客户，一般对你的话并不感兴趣。相反，一般的时候，他更希望你能先了解他，听他说。如果你说个没完，那么，你的交易很快就要失败。当客户说：“商品我已经知道了，那又怎么样?”那么，就表示他根本无意购买，你必须停止说明。

眼光看向远处或窗外

这样的客户，在考虑自己的资金，或者觉得商品有点贵。当你介绍完商品，他可能会透露他的购买意愿，这个时候，你必须专注而敏锐。

手臂放在桌上，两脚定定地踏在地上

这是有意购买的客户的表现。他们很关心你说的每一句话，生怕错过什么对自己不利，或者是有利的信息。

当然，在一场交易中，客户会传递出很多信息，这些可能会有助于你认识客户的下一步想法，但是，有的可能会混淆你的判断。并且不同客户的表现是不同的。所以，当你在整理客户信息，考虑客户的下一步想法时，就要学会避免冗杂信息。就像学芭蕾的人脚尖高速旋转似的，会以某个东西为中心，并避免自己转晕。要避免冗杂信息也是如此，你必须找到自己的销售亮点和重点，不要舍本逐末。

当出头鸟和第一个吃螃蟹的人是有危险的

客户往往会问这样一个问题："你们这个产品还有谁买了？"值得注意的是，当客户问了这样的问题，就表示他已经怀疑产品交易的可行性。所以，当你确认客户是第一次购买同类型的产品时，你就要提前告诉你的客户："这款产品我们走得很好，已经加货很多次了。您看的这款是我们昨天新到的货。"

鲁迅曾说："第一个吃螃蟹的人是很可敬佩的，不是勇士谁敢去吃它呢？螃蟹有人吃，蜘蛛一定也有人吃，不过不好吃，所以后人不吃了。像这种人我们当极端感谢的。"人们对第一个吃螃蟹的人的确会大加赞扬，因为他获得了"螃蟹"美味的利益，但是，并不是每个第一次尝试的人都可以获得美味，还有很多人获得的是，被螃蟹夹坏手指，却没有捞到一丝蟹肉。

往往这些人不是第一个吃螃蟹的人，而是第一只出头鸟，结果饱受痛苦。当然，很多时候，这只出头鸟本是为了利益，但是，却忘记了自己可能伤害了别的鸟的利益，最后造成损失。

在销售中，这种危险性就更加大。因为在整个销售环节上，客户是不占据信息优势的，销售博弈本身就是不对称的信息博弈，而对于第一次交易，销售员和客户之间的信息不对称更强于其他以后的交易。从人本身“规避风险”的本能上讲，客户更是不愿意第一次“被销售”，因为从这个意义上讲，他就充当了其他客户的“试验品”。

为了避免自己“被销售”，减少交易带来的风险，客户往往会问这样一个问题：“你们这个产品还有谁买了?”值得注意的是，当客户问了这样的问题，就表示他已经怀疑产品交易的可行性。所以，当你确认客户是第一次购买同类型的产品时，你就要提前告诉你的客户：“这款产品我们走得很好，已经加货很多次了。您看的这款是我们昨天新到的货。”

当然，要清除客户当“试验品”的想法，你还可以这样做：

① 名人效应

客户提出“谁买过产品”的问题的关键是，这个人用得怎么样，效果好不好。当然，这个人如果是名人，那么意义就大大不同了，客户不仅会消除“被销售”的质疑，还会对产品产生“优质、物美”的认知。

② 找一些他认识的人

如果你了解客户，那么，可以提一下他认识、熟悉的人。告诉他×××曾经买过。熟悉的人和认识人的购买，会使得客户对产品不设防，增强购买欲望。

③ 用产品的优质，抵消客户的质疑

用产品说服客户是最佳的方式，因为这会让你的客户对产品印象深刻。尤其对那些本身愿意尝鲜的人更是如此。当然，这不是说他们内心没有质疑，只是被他们对产品“新”的欲望抵消了。对于这些客户，你只要将产品介绍到位，购买行为就会很简单了。比如，直接让客户进行体验。

④ 用公司的优秀来抵消客户的质疑

你可以告诉他，你的公司在同行业中的地位，包括它的技术实力、销售量等等。你可以举出一些可以同你们公司相媲美的公司，而这些公司又是客户所了解的。那么，质疑就会很快消除。

总的来说，不想当出头鸟客户的关键因素是，客户对自己利益的担忧，所以，你销售的关键是，让他确信购买了产品，利益非但没有受损，相反，会得到更多产品带来的利益。

辕门射戟博弈——用强势信号使对手退却

一位美丽的女孩子周围有很多优秀的男士追求。一天，她对一位追求的男士说：“如果你能从阿尔卑斯的雪山上，给我采回一朵花回来，我就嫁给你!”男士看着女孩子：“你想过没有，我可能因此丧生，甚至连尸体都找不到。”女孩子说道：“当然！不过，你会活着回来。”因为她还知道，男生是一位优秀的登山爱好者，体能很好。

“在你回来之前，我不会和别人结婚的。”女孩子说，打消了男士的顾虑。

这位男士很快准备好登山用品，虽然是登山爱好者，但是这是他唯一一次单独行动。在登山过程中，他经历了几次风暴和雪崩，但是，终于万幸地存活下来，并在几乎筋疲力尽的时候，摘到一朵花。

男士凯旋，女孩和男士着手准备结婚。新婚之夜，男士很是高兴，但是，他仍有一个问题问他的新娘："你为什么非要我冒着这么大的危险，给你带回一朵花?"新娘嘻嘻一笑："因为我喜欢你。但是，周围又有那么多男士，只有挑出他们不能完成，而只有你能完成的事，这样，才能打消他们的嫉妒心。"

不得不说，这是一个聪明的女孩子。为自己的爱人赢得了最后的胜利。而她采用的策略就是，辕门射戟博弈法则——用强势信号使对手退却。

辕门射戟，源自《三国演义》。当时，刘备迫于袁术的大军，只能求助于鸠占鹊巢的吕布（吕布最初投奔刘备，却在刘备攻打袁术时，占据了徐州）。吕布对袁术的大将纪灵说，在营门中竖起一支戟，如果他能射中画戟的小支，那么，两家就不要打了，否则打不打他就不管了。结果，果然一箭而中。纪灵一看，脸色大变，因为惧怕吕布的实力而收兵。

这就是辕门射戟的由来，吕布用精湛的箭术阻止了袁术的进攻，既保住了刘备，也保全了自己。在博弈中，博弈的双方不是使得自己博弈效用最大化，而是自己的期望效用最大化。当博弈对手主观地认为，自己失败率增加时候，就会采取措施避免可能导致自己损失巨大的行为发生。当然，这种主观性不是凭空而来的，而是通过传递强势信号引起的。

商场如战场，如果你能确定，竞争对手竞争不过你，那么不妨采取措施，让对手知难而退。这些信号从某种意义上是属于干扰信号，但是却是真实的。当然，在使用此种方法时，要注意这几个方面：

① 对竞争对手进行信息监控

只有了解你的对手，才能采取有效的措施，阻止对手的行为。比如，吕布了解战争成功的关键是军事实力，而他就用"辕门射戟"来印证自己有足够的军事实力和袁术抗衡。同样，你要想对客户进行阻止，那么你就需要了解对手的弱点，而这又是自己产品的长处，那么，才能弹无虚发，“百发百中”。

② 你的信号要大小恰当

过小的威胁不会使对手放弃，只有足够大的威胁，才能使得客户望而却步，进而听从你的要求。比如，当你得知你的对手准备和你共同竞争某个项目，而你也认为自己有足够的实力来赢他，但是，为了避免自己消耗过多的成本，不妨直接通过中间人，让他意识到你有多大的实力竞争这个项目。比如，价格优势、成本优势或者技术优势等方面。

当然，你传递的信号不能过强，比如，过低的价格。这虽然会阻止你的对手，但是会让你在以后的谈判中举步维艰。当然，你的信号也不能太弱，否则不能让你的对手望而却步。

值得注意是，辕门射戟是先发制人的策略。如果第一次没有射中目标，那么，会遭到对手的“蔑视”，以更强的信号反击，也许你会被迫退出。最为不幸的是，引起恶性竞争，最终虽然赢得了销售，却失去了利润。

所以，如果你想要通过这种方法获得成功，那么，你必须足够谨慎，足够了解对手和自己的优势、劣势。

客户购买的动机是什么

记住，如果你没有满足客户的期望，那么，他虽然不能做出反驳，但是，他却可以不在你的单子上签字，你的整个销售都会失败！

1994年6月，辛普森案发生，震惊整个美国，而在辛普森刑审中，仅仅在开庭陈述和结束辩论中，一个词就被提到226次。如果你对刑事案件比较关注，那么，你也经常会听到这个词。

是的，可能你也想到了，这个词就是“动机”(motive)！

在原告和被告的一次次辩论中，关于有没有犯罪动机，双方十分激烈地辩论。因为原告和被告律师双方都有足够的理由，进行“有明显的犯罪动机”和“没有犯罪动机”的陈述。因为，在美国刑事审判中，动机是主要审判基础。

在任何刑事案件中，动机是行为的核心要素，甚至可以直接导致行为的发生。从一定意义上说，没有动机的行为是不可能发生的。

当然，动机在销售行为中也是如此。一个客户购买产品的行为，是存在最基本的内在动机的——而这就是客户对产品和销售员的期望本质。而没有动机，没有期望本质，销售人员和客户之间也就不存在交易行为。

乔·吉拉德曾经把一辆白色的雪佛兰卖给了一位想买通用汽车的老太太，故事是这样的：

有一天，一位老太太从对面的福特汽车销售商行，走进了乔·吉拉德的汽车展销厅。老太太说自己很想买一辆白色的福特车，但是福特车行的销售人员忙于其他事情，让她等一个小时之后再过去，因此老太太决定先过来瞧一瞧，打发时间。吉拉德微笑着对老太太说：“夫人，欢迎您来看我的车。”老太太兴奋地告诉吉拉德，今天是她的生日，她想买一辆白色的福特车送给自己作为生日的礼物。

“夫人，祝您生日快乐！”吉拉德热情地祝福。随后，他轻声地向身边的助手交代了几句。

吉拉德自己带领着老太太看一辆辆的新车，边看边详细地介绍。

在来到一辆雪佛兰车前时，老太太眼前一亮，这白色正是自己喜欢的。他说："夫人，您对白色情有独钟，瞧这辆双门式轿车，也是白色的。"

就在这时，吉拉德的助手送来了一束漂亮的玫瑰花。吉拉德把这束漂亮的花送给老太太，再次对她的生日表示祝贺。那位老太太感动得热泪盈眶，非常激动地说："先生，太感谢您了，已经很久没有人给我送过礼物。刚才那位福特车的推销商看我是个老太太，一定以为我买不起车，所以在我提出要看一看车时，他就推辞说需要出去收一笔钱。"

后来，这位老太太就在吉拉德那儿买了一辆白色的雪佛兰轿车。

这个案例表明，消费者的购买动机是复杂的，也是多变的。老太太从乔·吉拉德那里获得了生日的祝福，而这正是她购买行为发生的本质原因。可以说，当老太太以后开着这辆车，恐怕就会想到——那个卖给我车的人，并没有嫌弃我因为年老付不起钱，而是在我只是休息的时候，给我提供了一个美好的生日礼物。可以说，雪佛兰已经是不仅是她对自己生日的祝福，还有陌生人对自己的关怀。

可以说，在这场交易中，祝福就是客户对销售员和产品的期望本质。当然，并不是所有的交易的期望本质都是如此。但是，无论如何期望本质，都有普遍性的存在。下面，就是客户对交易的普遍期望本质：

真诚期望

客户不希望销售员夸夸其谈，而是在对他有所了解后，有话直说。不要说"坦白地讲"，他听到这样的话，会怀疑你说话的内容。所以，不妨直接告诉他，产品是什么样的，价格如何，让他清楚在购买之前，产品能带给他什么好处。不要为了赚钱说些言不由衷的话，这些缺乏真诚的话，只能对销售产生消极作用，因为你没有用心说，客户自然会感觉出来。

权威期望

是的，客户是上帝。可能他说的话，有所偏颇，但这并不是你反驳的理由。因为，销售不是辩论会。你需要的是引导客户纠正错误的想法，而不是口头上否定他的观点。而当他进行了选择，要对他的选择进行肯定。因为即使他做了选择，也在怀疑自己是不是做了错误的选择。当他选择后，进一步加强产品的介绍，这样才能使得客户对“权威感”的需求得到满足，进而坚定他的购买信心。

值得注意的是，客户很讨厌你说他以前购买的产品是错误的。因为他需要感觉自己“权威”聪明。当然，如果他真的做错了，你也说出来了，不妨对他说，其他人也犯了同样的错误。

关注期望

一个被冷落的客户，自然也会冷落你的产品。所以，你必须关注客户，包括他讲的关于自己的故事，或者谈论某些和产品无关的话题。你需要对这些感兴趣，也许，这些对你一点也不重要，但是对客户来说却是全部。当然，情绪在某种程度上是互补的，你关注他的话，他自然也会关注你，进而关注你的产品。上面的案例中，乔·吉拉德将产品卖给老太太，首先，就是因为他对老太太进行了关注。

简洁期望

尽可能简洁地告诉客户你的产品是什么。不要用各种专业词汇“袭击”客户的大脑，这会让他对产品的认知很不清晰，记住，产品描述得越复杂，他购买的可能性就越小。你需要的是，着重介绍他需要的部分，如果他有更多的信息需求，他会提出来，你只要针对性地回答即可。

承诺期望

如果你给了他承诺，那么承诺一定要兑现。比如，产品能够多长时间送到，或者保修问题如何解决等等。当然，你也要避免做自己做不到的承诺，比如，在价格上，你承诺了客户，上级却没有批准，那么最终的结果只能是你失去了这个客户。即使，你后来提出的价格与他到其他公司购买的价格一致，他也不会回来找你，因为你“欺骗”了他的感情。

记住，如果你没有满足客户的期望，那么，他虽然不能做出反驳，但是，他却可以不在你的单子上签字，你的整个销售都会失败！

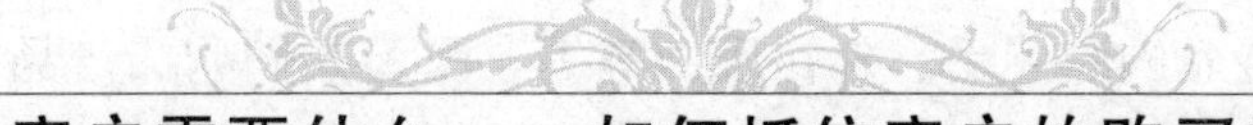

客户需要什么——如何抓住客户的购买需求

要知道鱼想要什么，最好的方法就是跳进鱼缸，和鱼一起游泳。如果你想确认客户需要什么产品，那么，你必须站在客户的角度上去看待产品。这款产品对客户来说，到底具有什么优势和劣势。只有这样，才能避免做出把“冰箱推销给爱斯基摩人”的失败销售。

一位销售培训师这样说：“如果你把冰箱卖给爱斯基摩人，那么，你不是好的销售员。因为当这个爱斯基摩人回到家后，就会发觉自己上当了，那么，他就再也不愿意从你那里买产品。因为他已经对你失去信任，更别提买东西了。”

需求是客户购买产品的前提，当然，只要你了解客户的需求，销售就会变得异常简单。一般来说，客户需求可分为显性需求和隐性需求。显性需求一般可以通过问题问出来，比如，客户需要什么价位的产品，想要什么性能等等。但是，隐性需求就不同了。这是一种不明确的需求。就像一个生了病的人，只知道自己不舒服，却不能表达出来，自己到底哪里不舒服，怎么不舒服。

而这就是你需要抓住的。只有将客户的显性需求和隐性需求找到，才能使得整个销售环节明晰起来。

那么，具体来说，你要如何抓住客户的这些需求呢？

① 客户的潜在接受信息点

很多销售员都喜欢为客户介绍，自己认为最好的产品，或者自己认为最需要的产品信息。但是，事实上，客户并不这么认为，甚至会产生“甲之熊掌、乙之砒霜”的效果。原因很简单，不同人对一件产品的需求点是不同的。而需求点来源于他生活的各个方面，比如，教育程度、资金、内心感受、外在压力等等。因为人们购买产品的使用场景不同，造成了对产品的需求点不同。

值得注意的是，客户本身提供的信息是错误的甚至是不完整的，那么，就会对你寻找客户的需求造成障碍，进而造成错误的产品信息传递。所以，不要把客户的需求仅仅定义为购买欲望，而是要从客户的生活各个方面来分析，这样，才能挖掘出客户真正的需求是什么。

记住，沟通流于形式，剩下的交流只能成为空谈。

② 抓住客户的关键利益

你需要从客户的各方面找出客户的关键利益。比如，对于老年人和年轻人，对产品的关注点就不同，老年人更在意产品操作方便性和价格上。同样是购买手机，一位老年顾客，只需要产品拨号、接电话都没有问题的手机，价格便宜即可。但是年轻人就需要的功能更多。

同样是购买一辆汽车，挑剔一点的客户，购买汽车的时候，可能要细到汽车的车灯造型好不好。汽车对于他来说，不仅仅是一辆车，而是赋予更多内容的东西。但是，有的人购买汽车就会直接到汽车销售中心，指出自己想要的车，直接付款提车，他们只是想要一部可以代步的工具，并且可以证明他的品位就可以了。

所以，销售员最先要做的就是找到客户的关键需求点，这样才能传递有用的信息给客户。否则，即使销售员把产品介绍得再到位，客户也只是礼貌地点头，但却不会下订单。因为销售员所传递的信息、解释的问题以及传递产品的整体感受，与客户的需求并不相关，甚至客户只是关注销售员的扣子掉了，他却毫不在意，他介绍的产品怎么会好。

③ 障碍和对策

如果在沟通中，你遇到了障碍，看不到客户真正的需求点，也看不出自己的产品与客户自身需求的契合点，那么，你就要适当进行提问，从对方的回答中，寻找突破点，抓住购买信息。比如，你可以问客户“您对我们的需求是×××，是这样的吗？”这样的问题，可以直接找到客户需求的关键点。有时候，客户可能只是随意说说产品质量问题。这时，你可以用反问的方式去问客户，进而详细地为客户解答。

④ 站在客户的立场上

日本专家司马正次提出的“鱼缸理论”说，要知道鱼想要什么，最好的方法就是跳进鱼缸，和鱼一起游泳。如果你想确认客户需要什么产品，那么，你必须站在客户的角度上去看待产品。这款产品对客户来说，到底具有什么优势和劣势。只有这样，才能避免做出把“冰箱推销给爱斯基摩人”的失败销售。

谁会真正买——你的潜在客户在哪里

最为糟糕的情况莫过于，你的客户其实本身买不起你的产品，但是却对你的产品很感兴趣，而这样的客户并不是你的机会。所以，在筛选客户时，你必须要考虑客户的支付能力。

美国自然历史博物馆，以收藏重要文物而享誉世界。但是，它的收费却很低。一次，某个游客巧遇馆长，问："这么大的博物馆而收费这么低，怎么维持开销呢？"馆长笑道："我们不是靠门票收入，只不过做做样子而已。"游客很是奇怪："做样子？那又何必呢？难道用票价低来提高知名度？"馆长道："这你就不懂了。如果博物馆不收费，那么，很多闲杂人都会进来，这样，整个博物馆的气氛都会被破坏了。门票钱虽然不多，却筛选掉了不合格的人，并且这也是游客对博物馆的尊重和诚意。"

不得不说，美国自然历史博物馆馆长很聪明，主要不在于收费让人表示对博物馆的诚意和尊敬，关键在于博物馆因此筛选掉了那些假的"艺术爱好者"，而保证场馆可以为真正的艺术爱好者高效率地服务。

对于销售来说，买卖双方都需要找到合适的"对手"博弈，否则，把精力浪费在不适合的人身上，博弈最终都是失败的。如果你想要完成大单，那么也要通过某些手段来筛选你的客户。

在商品竞争方面，经济学家约瑟夫·斯蒂格利茨，提出了一个著名的论断——"分离均衡"。分离均衡的最终由来，还是买卖双方信息的不对称。

我们看到，在保险市场和信贷市场。一个去保险公司买保险的人，一般都是为了弥补在一些特殊情况下失去的利益。而保险公司也是在避免亏损的情况下，为客户提供一定份额的保险。如果双方信息对称，买保险和不投保的收益差距是不大的。

比如，一个人丢了一辆价值300元的自行车，如果没有投保，那么，丢失的自行车的300元就要自己承担。相反，如果这个人花了50元为自行车投了保险，那么，保险公司就会赔给这个人250元。

从表面上看。这是很合理的，但是，事实上，却会有很多潜在问题出现。比如，投保人在自行车已经旧了的情况下，不愿再使用这个自行车，那么管理自行车就会漫不经心，最终造成自行车丢失。最终得到赔偿后，多添上一些钱，就可以购买到新的自行车。但是，这种“疏于管理”的情况，保险公司并没有注意到，而不同地区自行车的失窃率也是不同的，那么，所以，赔偿概率也就有了差别。最后，很可能造成保险公司的“亏损”。

由此，保险公司为了获得利益，就可能提出解决方式——这就是分离均衡：为不同人提供不同的选择。当然，为了提高自己的市场竞争力，保险公司也会设计不同的合同，来满足不同客户的需求，而不只是一个合同应对所有的投保者。

分离均衡的存在，可以让一个人在信息处于劣势的情况下，让自己处于交易优势之中，这样，就提高了交易的效率和避免亏损。而在销售中，这就是明码标价——通过购买差别，直接筛选了客户，并对客户的类型进行了划分。

当然，购买差别不仅仅表现在明码标价上，在销售中，具体来说，有以下几个方面：

① 需求力

想要“完成大单”，并且长期博弈，那么，你必须对客户的需求力进行审查。你需要确认你的客户，是不是有望和你进行长期的合作。并且，可以持续完成一定额度的交易量。对于老客户来说，只要调出历史交易量的统计表，你就了解了。而新客户，就需要你的详细调查。

你需要通过对客户的需求力进行判断，千万不要盲目销售，避免最后产品售出，却利润很小，甚至还带来资金回收的风险。

② 支付能力

最为糟糕的情况莫过于，你的客户其实本身买不起你的产品，但是却对你的产品很感兴趣，而这样的客户并不是你的机会。所以，在筛选客户时，你必须要考虑客户的支付能力。具体来说，从下面几个方面判断：

首先，你需要分析客户能接受的价格。

其次，针对个人，你就要从他的言行举止来判断。支付能力往往和他的衣、食、住、行相联系，但是，在此要避免以貌取人。

针对企业，你应该了解客户的财务和资本结构状况。比如，注册资金的数额、资金周转、资本结构，以及贷款和银行信用。这些你可以从媒体上得到一些信息，你也可以从一些政府主管部门中查询可公开的资料。

最后，你应该考察客户的经营能力，在同行业的地位、威望等等。当然，你也可以从同行业中的人那里获取信息。

③ 购买决策权

只有确定了你的客户是不是具有购买决策权，才能避免盲目销售，提高销售工作效率。所以，对于没有决策权的“客户”，就要适当拒绝，避免自己浪费过多的精力。

面对个人消费，比如，如果你销售的是钢琴，你的客户支付能力并不是很强，那么，作为家庭大额支出，一般需要夫妻协商才能最终决定，而钢琴销售一般来说，男性可能要比女性有决策权，而且年轻男性要比年老男性有决策权。不同产品，针对的消费群体是不同的，所以，你需要确认，他是不是真正的决策者。

面对企业购买决策，真正的决策和批准者都是领导者，而采购者只是执行者。所以，你需要从领导者入手，而不仅仅是对采购者进行推销。

④ 信用度

对于大宗产品销售来说，信用是审查的关键因素。从销售博弈本质上讲，即使有一点疑虑，博弈最终都会以“破裂”收场，而此时，双方已经付出，最终都会造成损失。有些客户信誉也是不错的，但是，他一开始就会明确提出一定时间后付款，那么，你就要考虑企业的资金周转是不是能支撑这单生意。

另外，筛选客户时，还可以从客户的员工收入情况、员工的素质、客户的库存和运输能力等方面入手。

值得注意的是，千万不要为了销售而销售，客户筛选不仅仅是为了避免自己浪费时间与精力，对于企业来说，还可以保证资金的安全回笼。

当然，世事难料，即使你筛选出局某些客户，也可以与其保持一定的接触，毕竟，买卖不成仁义在，也可能这些客户经过发展，甚至可能变成你的长期客户。

正确判断客户的购买力

一位没有销售经验的小伙子到一家眼镜店卖眼镜。老板对小伙子传授报价的经验：

如果有客人进来问："你这个眼镜多少钱？"

你先告诉他："100元。"这个时候，如果顾客没有什么反应，既没有说贵，也没有说便宜，那么，你就接着说："这是我们的镜片价钱。"

如果顾客还没有说什么，那么，你接着告诉他："嗯，是一只镜片的价钱。"

也许，很多人对老板的"经验之道"感到气愤，这明明就是欺负买主不知道商品的价格。事实上，他正是利用信息的不对称性，来提高产品的利润。当然，这种销售方式不能提倡。

买卖双方在进行博弈的时候，有"先发制人"和"后发制人"。因为很多人都不愿意亮出自己的底牌，所以，总是等别人先出牌，等到对方先出牌就丧失了部分先机。当然，对方也可能冒着"底牌"被揭开的危险，来保证自己可以"先发制人"。

在这场眼镜买卖的假设博弈中，店主就采取了先发制人的策略，但是，却并没有亮出自己的底牌，反而根据客户的反应，离底牌越来越远。为什么会出现这种状况？

因为通过先发制人，店主进行了机制设置，即根据客户反应，来为客户制定价格，对不同的客户索取不同的利润，进而增加收益。从本质上讲，机制设置是一种不完全的信息博弈，通过信息披露和激励相容，进而达到自己的最大期望，最终达到自己的目标。

那么，在销售中，如何才能采用机制设置，完成自己的预期目的呢？

首先，搞清楚询价者的情况再报价

你需要先知道对方是业内人士，还是门外汉。当然，并不是说门外汉就要“忽悠”他，而是业内人士，你可以直接进入主题。告诉他你的产品性能结构等，如果他了解过同类的产品，你可以让客户先报价。这样，才能避免自己要价过高，让客户“走人”。

对于不了解产品的人，只是需要你的产品。那么，对于客户来说，他最想知道的并不是价格，而是，你的产品到底如何。所以，你需要让客户了解你的产品规格。你需要告诉你的客户你的产品在同类产品中的档次。如果客户想要低档次的产品，那么，价格可以优惠。相反，客户要高档次的产品则需要加价。

其次，学会模糊性报价

如果你的客户不能确定购买你的产品中哪款产品，那么，你就需要给客户一个价格范围。询问他需要哪个款式，想要什么价位的产品。模糊报价，为本身“模糊”的客户提供了空间，并且，也可以为以后的谈判留下余地。

再次，抓住客户的细节

你需要确认客户询问价格的目的，是真正想购买还是讨价还价。这样，你才能确定自己为客户报什么价格。

另外，想要报价合适，你需要弄清自己产品的进货渠道和折扣率，你还要了解不同客户能够接受的价格，针对不同客户有针对性地报价，这样，才能设立完善的“机制设置”，高效率、高利润地完成整个环节。否则，只能让你以后要进行的谈判异常艰辛。

第4章

为客户炖一锅“石头汤”——套取大单的博弈策略

一个阿拉伯流浪汉抱着一块大石头，敲开了一户很富有人家的门……他用“石头”做引子，用了富人家的灶台，进而，用了富人的盐、胡椒粉、肉末……最后，流浪汉把石头拿出去，邀请女主人一起分享“石头汤”。

于是，石头汤好了。想过没有，为什么会这样？是的，只是一个小策略而已。当然，你也可以！现在，来为客户炖一锅“石头汤”吧！

为客户炖一锅“石头汤”

问题的关键不是石头能不能做出汤，而是“石头汤”可以吸引女主人同意流浪汉使用灶台。当第一个要求被允许，后面的一个个要求都被允许，直到石头汤的“石材”变成了主妇的“食材”，一锅汤也就做好了。

一个阿拉伯流浪汉抱着一块大石头，敲开了一户很富有人家的门。出来的是这家的主妇。流浪汉问，是不是可以借她家的锅炖一锅石头汤。主妇很是好奇，欣然同意。于是，带着流浪汉到了厨房，为他打开火。

流浪汉将水倒进锅里，很快水开了。流浪汉尝了一下，说口味很淡，请求女主人给他一点盐。女主人给了流浪汉一点盐。流浪汉又尝了一下，觉得不是很满意，于是，请求女主人加了一些胡椒粉。后来，不经意地又看到柜子里的肉末，于是，又请求女主人放了些肉末进去……又陆续加了一些菜叶。就这样，石头汤做好了，流浪汉把石头拿出去，邀请女主人一起分享“石头汤”。

其实，问题的关键不是石头能不能做出汤，而是“石头汤”可以吸引女主人同意流浪汉使用灶台。当第一个要求被允许，后面的一个个要求都被允许，直到石头汤的“石材”变成了主妇的“食材”，一锅汤也就做好了。

这种思维就是“无中生有”。通过某个媒介，打开一件事的关口，进而一步步地、有计划地实现自己的目的。而在销售中，这种方法也可以淋漓尽致地使用：

一个乡下小伙子到城里的百货公司应聘销售员。这个百货公司很大，小到针线大到汽车都可以从这里买到。销售经理问小伙子以前是不是做过销售员。小伙子说，自己以前就是挨家挨户推销的小商贩。销售经理觉得这个小伙子很机灵，就录用了他。

一天的销售对于小伙子来说有些难熬，不过，他还是坚持到了6点的下班时间。下班后，销售经理过来看看他销售的情况。

“你今天做了几个单子？”销售经理问。

“做了一单。”小伙子回答。

“嗯？我们这里的销售员一天能完成30个左右的单子呢。那你卖了多少钱？”

“250000美元。”小伙子说道。

听到此，销售经理很是吃惊：“你怎么卖了这么多钱？”

“嗯，是这样。有个男士过来买东西，我就介绍他买个小号的渔钩，后来又卖给他一个中号的和一个大号的渔钩，后来，我又卖给他小号、中号、大号的渔线。然后，我打听到他要到海边钓鱼，就建议他买条船，到了买船的专柜，我卖给了他一条有两个发动机的机帆船。他说，他的汽车可能拖不动这么大的船。所以，我就带他到汽车销售区，为他挑选了一辆丰田大型豪华汽车。”

销售经理听到此，仍是难以置信：“他就是来买鱼钩，你就卖给他这么多东西？”

“不是，他是来给他太太买卫生巾的。我跟他说，‘你的周末就这么毁了，怎么不去钓鱼呢？’”

客户仅仅是为太太买卫生巾，小伙子竟然卖给了他这么多东西——鱼钩、鱼线、小船、豪华车。从小到大层层递进，这就是销售中的

“登门槛效应”。从小的要求，到大的要求，一步步被接受。甚至，连顾客都已经忘记自己到商场来是要购买什么产品了。

整个销售过程，可以分解为一个个小的博弈环节。每个小博弈的成功，就可以拉动下一个博弈环节的启动，在逐渐解决问题中，不断地完成一个个交易。就像登门槛一样，登上了第一个台阶，就有了登第二个台阶、第三个台阶的可能性。对于客户来说，接受一个小要求，就更愿意接受一个更大的要求。这个策略对于购买意愿不强的客户十分有效。

那么，在具体销售环节中，你要怎样使用“登门槛效应”呢?

首先，认清客户的状态，找到媒介

不管你做什么销售，你都需要找到媒介和客户进行沟通。这个媒介可能是抽象的，也可能是实体的，而上面的小伙子的媒介则是：“你的周末就这么毁了，怎么不去钓鱼呢?”当然，这就需要你有足够的敏锐性，你需要了解你的客户现在处于什么状态之中。否则，媒介就可能失效。就像流浪汉拿着的石头，因为他面对的这家的主妇，所以，他可以通过煮石头汤来吸引主妇。如果他面对的是这家的男主人，恐怕石头汤的媒介作用就失效了。

其次，把握销售本身的连续性

生活事物本身的联系性，为销售的连续性提供了可能。而作为销售员来说，找到销售本身的连续就是打通进一步销售的节点。这样，才能持续销售，递增你的销售额。上面的销售员，在为客户提供小号鱼钩、中号鱼钩和大号鱼钩的时候，就已经意识到，鱼钩和鱼线的关系。而当鱼线购买完，问出男士的钓鱼场所，就为进一步销售做好了铺垫。即使客户不去海边，去其他的场所，他也能根据当时情况为客户提供进一步的信息。

整个销售的过程，从一开始就是不断联系的，而断了联系，你就要提供新的联系。

再次，不要“过度”销售

对于大多数客户来说，此时本身并没有太多购买意向。就像上面的男人，他只是为太太买卫生巾，而他却带回去了一条帆船、一辆汽车……如果这个男士本身不是很富有，那么，他面对的恐怕会是太太的责难，甚至自己的后悔，非但没有过好一个钓鱼的周末，恐怕还会为自己的冲动付出更多的代价。

所以，你需要为你的客户找到他能“登”的高度，而这个高度又是他能承受的。只有这样，你才能接连不断地从这个客户身上获益。

总的来说，不管你怎样为客户炖“石头汤”，都应该是美味而适合他的。只有这样，登门槛，才能推动整个销售的多米诺骨牌的连锁反应。

蜈蚣博弈——运用倒推法来销售

不是每个客户都好说话，甚至一些客户可能还会对你有言语上的冒犯。直觉上，你是需要反对，甚至以牙还牙的。不过，对于一项交易来说，你不妨来分析一下，你应该给予客户怎样的情绪。

五个强盗抢来 100 枚金币，但是，为了怎样分赃而争论不休。最后，他们达成了这样一个分赃程序——

① 抽签决定五个人的号码【1、2、3、4、5】。

② 从1号起，按顺序提出解决方案。

③ 如果方案得到超过半数人同意，就被通过，否则将提出方案者扔进大海喂鲨鱼。

④ 依次类推，直到找到一个每个人都接受的方案。

⑤ 如果只剩下5号，他就可以一个人独吞金币。

很多人直觉上都会觉得，1号很可能被扔进海里，而越到后面，收益就越大，尤其为5号。但是，理性的博弈倒推法，却是1号可以获得97枚金币，而剩下四人则只能获得3枚。

我们先看5号——他肯定希望所有的人都死掉，自己拿走100枚金币。

4号——如果他前面的三个人都被喂鲨鱼，那么，他肯定必死无疑，因为5号会投反对票，他只有50%的同意率，所以他必须保存3号。

3号——前面死掉1、2号两个人，而当他推知3号的决定，就会给两个人都是0枚金币。

2号——死掉1号，因为得知3号的决定，他自然会放弃3号，因为3号巴不得他死。所以，为了争取剩下两个人，他就提出4、5号各1枚，3号0枚的决定。

1号——不管怎么样他都会放弃2号。而他只要比2号分配得多一些，就可以被其他人接受了。即4、5号其中之一两枚，3号1枚，2号0枚。

这就是倒推法的魅力所在，一件事情的结局，只要你进行理性的分析，那么，你得到的答案和你的直觉可能恰恰相反。这是理性博弈分析的结果。在销售中，虽然我们做不到绝对的理性，但是，我们可以通过理性思维，来预测一场交易的进程。你完全可以用上面的倒推法，来分析现在自己应该怎么做。

倒推法控制你的工作进度

如果这个季度，你需要完成100万额度的订单，那么：

你可以，从最后一个月中，确认签单的额度；

进而向前一个月，你需要怎样安排去和客户谈判，获得客户的认可；

现在，在这个季度的首月，你就知道自己需要筛选出，你的主要客户是谁，他目前信息如何等。

当然，根据一个月的任务，你还可以确定一周内，你需要完成哪些任务。甚至，一些细节，如节假日等因素你都要考虑进去。

总的来说，你可以用倒推法控制你的工作节奏和工作计划，向前观望，向后推理，这样，你就可以掌控自己的工作了，而不至于忙的时候焦头烂额，闲的时候不知道自己做什么好。

倒推法控制情绪

不是每个客户都好说话，甚至一些客户可能还会对你有言语上的冒犯。直觉上，你是需要反对，甚至以牙还牙的。不过，对于一项交易来说，你不妨来分析一下，你应该给予客户怎样的情绪：

如果给予好情绪，那么，客户可能会得寸进尺，但结果可能是成交。

如果给予坏情绪，那么，你可能会失去这个交易。

从这个方面来说，你应该控制自己的情绪，如果客户继续得寸进尺，那么，你的选择不是退让，而针锋相对。

总的来说，用理性为自己安排有序的工作，会为你节省不少精力。

从客户的立场推测——以其人之道，还治其人之身

销售员和客户在交易和博弈中，互惠互利，否则，撕破脸就会两败俱伤。而要想完成交易，你就要必须站在客户的立场上“以其人之道，还治其人之身”来销售。

这是上帝与撒旦的一场博弈——

一个天才工程师死掉后，到天堂报到，但是，天堂守门者却对他说：“你应该到地狱，所有的工程师都去了地狱。”到了地狱，工程师觉得住得很不舒适，比如，温度太热、运输系统不方便。于是，他研制了一套空调系统和地铁系统。后来，觉得无聊，他又研制了互联网和有线电视。

看到地狱得到改善，撒旦很是得意，于是用工程师研制的最新影像设备打电话给上帝。上帝接电话看到撒旦，发现这个家伙竟然气色不错，问他怎么回事。撒旦说：“最近我们这里来了一位工程师，他就把这里改造得很舒服。”

上帝反驳道：“工程师应该来我们这里。”因为正值夏天，天堂热得很厉害。

撒旦无畏地说：“这已经发生了，想要工程师，就拿10吨金子来。”

上帝气愤地吼道：“我认为你最好把他送来，否则下次和你说话的

就只能是我的律师。”

撒旦听后大笑：“你以为律师会在哪?”

这是个笑话，不过，成败的关键却是——对方的立场到底是什么。对这个博弈而言，上帝是为了要回工程师，而撒旦的立场则是用工程师换钱。但是，谈崩的可能是，上帝不愿意出钱，虽然工程师可以改变天堂的设施，而撒旦则可能会吸引更多的工程师来地狱，其实，他已经不需要。所以，这对双方都是不利的。

一项销售如同这样一场博弈，客户需要的是——获得适合他的产品，而销售员的立场是——卖出产品，换来利润。但是，在需求和价格上，可能会出现一些分歧，从而导致交易失败。需求和购买本身就是对立统一的，所以，只要除去双方的“不利条件”，那么，交易就可以成功了。作为销售员就可以站在客户立场，转移客户的潜在不利条件，那么，交易就成功了，即使这次交易不成功，下次还可能带来更多交易。

一位推销机械设备的推销员，花了两个月时间终于拿下了一单40多万元的生意。但是，在签单的时候，他发现，另外一家公司的产品更适合客户，而且价格也相对更低。于是，推销员在签单的前一天，把这件事告诉客户，并建议他去购买另一家公司的产品。结果，因为这次交易的失败，推销员不仅失去了1万多元的提成，还被上级严厉地训斥了一番。

三个月后，这家客户的老板打电话给他说，有个朋友正好需要他的产品，大概订单有100多万。因为客户的介绍，销售员没有花上一个星期就和客户的朋友签订了买卖合同。当然这位客户，带给他的不仅仅是这100万订单，还有更多的客户和更大的订单。

对于销售员来说，只有销售给客户合适的产品，才会有更多的成长空间，因为这是客户的立场。为此，损失自己的暂时的利润也可以。所以，不要向和尚销售梳子，也不要妄想把冰箱销售给爱斯基摩人，道理很简单——他们不需要。

回到前面，现在我们来思考一下，上帝最终的需要是什么呢？

他需要的不是天才工程师，他需要的是，天才工程师改善后的天堂。最后，撒旦提出这样的方式——上帝派一些人到地狱来培训，而培训费远远小于10吨金子。从此以后，地狱成了所有工程师的选择，自然，地狱也总是有更多的先进的技术。结果，上帝不得不接着派出培训的人，撒旦最后赚得盆满钵满。

其实，销售员和客户在交易和博弈中，互惠互利，否则，撕破脸就会两败俱伤。而要想完成交易，你就要必须站在客户的立场上“以其人之道，还治其人之身”来销售。

首先，为客户着想，帮助客户解决他的问题

站在客户的立场上销售，这不仅仅是利益的需求，还是整个市场的需求。如果你不能帮助客户解决问题，那么，你的销售也就没有了任何价值。相反，如果你站在客户的立场上，为客户提出意见，你的销售才有了真正的价值，也才能持之以恒。这就是为什么撒旦和上帝能达成最终共赢的原因——不过是各取所需！

其次，记住，你的立场不一定是客户的立场

一位衣衫破旧的大学生总是每天晚上到街口的面包店，买一个干面包。结果，这引起了老板的注意，她担心大学生每天只吃一个面包会营养不良。所以，当大学生再去买面包的时候，老板偷偷给了他一个带有奶油的新面包。她想，这个学生肯定会为自己关心他而感激她。

但是，正当她幻想被感谢的时候，那个学生怒气冲冲地站在她面前："为什么面包里有奶油？我花了三个月画的画都毁掉了！"原来他是用干面包，擦掉画纸上的污渍……

好心会做错事，销售中也是如此。所以，千万不要把你的立场强加在客户身上，即使是你的好心，你也要问一下客户到底需不需要。只有好的沟通才能了解客户的需求，带来好的销售成效。

吃亏的另一面是赢利

失小利，才能赢大利；相反，得小利，却可能失全局。这个道理，在销售中，也是百试不爽。一些斤斤计较的人每次都可以获得利润。但是，赢得的永远是小利。

不管是战争还是交易，最后的胜利者永远是策略胜利者。策略制胜，常常是用小战的失利带来全局的胜利。值得注意的是，这些小败与大局无关，甚至相反，还会对大局产生良性的影响。

秦末楚汉之争中，相对霸王项羽，刘邦处于劣势，即使先入咸阳，也被项羽逼到关中，无奈之下，烧掉栈道，在随后的三年中，养精蓄锐。随着韩信明修栈道暗度陈仓的谋略实施，汉军经过三年的隐忍，终于赢得了战役的胜利。

正是刘邦舍去了入驻咸阳的胜利，才有了后来的一统华夏。一舍一得中，就确定了博弈的基本策略。记住，在博弈中，真正的胜利者，永远不是每次都胜利的那个人，而是在整体形势中处于优势的那个人。

在楚汉之争中，可以看到，项羽曾经的“每战必胜”，最终消耗了自己的优势，以至于到了垓下之战，量变转化为质变，一败涂地。

所以，失小利，才能赢大利；相反，得小利，却可能失全局。而这个道理，在销售中，也是百试不爽。一些斤斤计较的人每次都可以获得利润，但是，赢得的永远是小利。

一个商人从某国家级贫困县，采购了一批手编花篮，进价为一只10元。然后，商人把花篮运到大城市去卖，但是，销售价格却是8元，比进价还低。虽然是亏本买卖，但商人却乐此不疲。令人吃惊的是，一年后，他却将经营扩大，销售利润竟达百万元。

人们对商人的成功很是疑惑，纷纷猜测，有人认为他虽然从花篮中失利，但是，却可以从其他方面赢利。

最后一个记者从商人口中得到答案：

原来商人本来是千万富翁，为了扶持贫困县，才做了亏本的花篮买卖。当他财产只剩下100万时，贫困县的花篮编制业已经发展起来，并且一些做工更加精良的花篮出现在市场上，已经能卖到30元。而为了感谢商人的帮助，全县的花篮编织厂，都主动把经销权给了商人，价格十分优惠，商人也从中获得了颇丰的利润。

这个故事带有某种程度上的传奇色彩，但是，销售的本质却没有变，不管你是在帮助客户，还是在帮助厂家，在成就他人的同时，也就在一步步地成就自己，这就是“吃亏”策略。对于一个销售者而言，任何一个看似吃亏的行为，都可能为自己带来高额的利润。

产品修复的吃亏

当然，销售者对产品修复没有太多责任，这是产品本身的问题，但是，当一个客户从销售者手中拿到有问题的产品，直接受到指责的就是销售者。所以，当你将产品卖出，就要对客户进行跟踪，出现问题，及时地修复不但会消除客户的怨念，还可能为你带来进一步的订单。

价格的吃亏

有的时候，销售员会出现产品价格的错报，导致一单生意没有利润，自己甚至还要亏上一些，但是，只要不是太多，不妨吃亏一次，自掏腰包。当然，你要提出，如果进行下一次的交易，就要提高售价，因为这是自己报错了。

服务的吃亏

对于销售员来说，只要你销售的产品是市场所接受的，那么，你真正销售的就是你的服务。因为一种产品和另外一种产品，在本质上是没有区别的，而不能复制的却是一个销售者的服务。而这也是销售员之间的差别，能赢得百万大单的销售员，永远比只有几万元的销售员“吃亏”更多。

选择比机会更重要——如果时光可以倒流，你会做什么

很多人抱怨自己没有做大单的机会，事实上，他缺少的不是做大单的机会，而是做大单的选择。销售机会，只要去找总是有的，关键是，你需要从诸多的“假机会”中，选择真正属于自己的机会。

在一项“如果你的人生可以倒流，那么，你会怎么做?”的调查中，有这样三个答案：

答案一：回去见一个人。

答案二：只是看看，什么也不做。

答案三：弥补遗憾，重新做出改变我人生轨迹的选择。

调查发现，超过八成的人都选择了答案三。这样一个小故事恰好反映了选择之于人生的重要性：

法国人、犹太人、美国人同时因为犯罪被关进监狱三年。在进入监狱时，监狱长同意满足他们每人一个要求。美国人要了三箱雪茄；法国人喜欢浪漫，要求一个美丽的女人陪伴；而犹太人则要了一部可以和外界相通的电话。

三年转瞬而过，最先从监狱冲出来的是美国人，他拿着雪茄大叫：“给我火！给我火！”原来他忘记了要火。后面出来的是法国人，他手里抱着一个小孩，美丽的女人一手挽着他的手臂，一手牵着一个小孩，而她肚子也已经高高隆起，看来那是他们的第三个宝宝。最后出来的

是犹太人，他拥抱了一下监狱长：“谢谢你！因为电话的存在，我的生意非但没有停顿，反而增长了三倍。为了表示对您的感谢，我的助手马上会给您一部劳斯莱斯表达我的谢意。”

这个小故事，虽然有些不切实际，但是却告诉我们：决定人生高度的是选择，而不是机会。把这句话套用在销售中，那么，决定销售量大小的，是销售员的选择，而不是机会！

很多人都在抱怨，自己没有做大单的机会，事实上，他缺少的不是做大单的机会，而是做大单的选择。销售机会，只要去找总是有的，关键是，你需要从诸多的“假机会”中，选择真正属于自己的机会。

所以，当几个看似都手握大单的客户出现在你面前，你就需要用自己的火眼金睛识别，谁是真，而谁又是假。具体流程是这样的：

第一步，为销售机会立项

立项，主要目的是过滤那些失实甚至差异过大的机会。立项的过程需要详细地了解落实，比如，考察自己的产品是不是与客户的需求真正吻合；客户的资金状况能否购买产品；客户与其他商家交易合作的情况。

第二步，将销售机会的整个跟踪过程拆分成几个阶段

虽然一项销售交易，以结果为主导，但是，结果却是过程的点滴积累。所以，针对过程，你需要将立项、需求确认、解决方案、报价、商务谈判、签约等环节进行切割，这样，就可以控制全局。值得注意的是，切割不宜过多，并且每个切割点都要有明确的标志。

第三步，建立动态参数

一项交易的过程是流动的，关键因素就是信息的流动。所以，你需要根据立项和分拆建立动态的参数。包括，交易的可能性、预计签约金额、预期签约时间。只要有信息更新，就及时跟进分析，只有这样才能避免浪费过多的精力，也只有这样，也才能在较短的时间内，进行选择，抓住大单。

第四步，查看销售机会的阶段停留时间

查看你跟踪的机会持续了多长时间，当然，这是自动的。一般来说，正常的机会会有经验的期限（因为行业、产品不同而不同），你需要对照自己曾经的机会来判断这个机会是不是属于正常的时间范围。

当然，持续的时间越长，这个机会也就越差，相反，也是如此。所以，你可以根据机会的持续时间而判断，自己如何分配自己的精力和时间。

第五步，用销售漏斗查看每个阶段的机会流失率

漏斗是什么？很简单，当你希望抓住你的机会得以成功，你的客户必然会一步步完成你的“任务”，就像通关一样。而漏斗分析法，正是分析谁是你的“假客户”，谁是你的真客户的工具。并且，你还可以分析出，哪个环节是“丢单”最多的，并对这个薄弱的环节，进行查漏补缺。

第六步，找到大单的“潜力股”

你可以预测一下，你签单的时间以及成功率的大小，并且成交总额度会是多少。如果机会可能是 80%，预测总额度是多少，你就可以

选择做多大的单子。同样，当机会降低到 70%的时候，你的成交总额就会降低，而且你也要更加谨慎。根据预测状况，来调整自己对机会的预期，包括上限和下限。这样，你就知道，自己的销售业绩的增长潜力。

总的来说，问题的关键不是市场给了你多少机会，而是什么才是你的机会！

耐心是成功销售的关键

对于一项交易来说，谁最先失去耐心，谁最先失去理性，谁就失败了。所以，总的来说，我们的交易的成功是建立在自己少犯错的基础上的。

一位富商来到一家古玩店里，他看中了一套精美的古砚，一共三件，售价 800 两银子。富商觉得价格太高，所以对店主说，只看中两件，希望店主降价。店主看了富商两眼，慢悠悠地说道："看来这玩意没入您的眼，唉，既然如此，我怎么好意思再卖呢？"于是，随手拿起其中一件，丢在了地上，"啪"的一声，古砚摔得粉碎。

富商一见古砚被摔，很是心疼，忙问："剩下的两件要多少钱？"店主拿手一比：800 两。富商觉得离谱，少了一件还要 800 两，于是坚持降价。店主又拿起一件，丢在了地上。一瞬间，三件精美的古砚只剩下一件。富商惋惜之余，想到最后一件总要降价了吧？结果店主开价还是 800 两。富商很是生气："难道三件和一件的价格一样么？"店主想了想，说："的确三件和一件价格不应该一样，这件应该是

1000两。”富商很是气愤，转眼间又看到店主把最后一件古砚拿在手里了，最后，他放下矜持忙说：“您不要再摔了，我出1000两!”

交易完毕，富商将这套残缺不全的古砚拿走了。旁边的伙计对老板佩服得五体投地：“为什么摔了两件，最后，竟然能1000两卖出呢?”老板眯眯眼：“物以稀为贵。我摔掉了两件，剩下那件自然是价格更高了!”

对于一场交易来说，不是只有双方妥协才是真正的博弈。如果你下决心坚守自己的立场，那么，对方就只有两个选择，即放弃和妥协。这种情况往往发生在，卖家拥有更大的主动权和优势上，只要看出买家真心购买，那么，这种压力和耐心才有价值；否则，面对另一个买家，认为古砚可有可无的话，那么，摔坏古砚的损失，就要自己承担了。

当然，在现实交易中，这样“死磕”的现象并不足取，毕竟，并不是所有的产品都是古董，需要“物以稀为贵”。不过，在这里，你需要学习的有两点：

① 准确判断客户是真心购买产品。

坚持不可能胜利的事情，那就是愚蠢，而可以胜利的坚持，那就是明智。其中成败的关键是，客户的心理状态。没有购买，任何坚持就只能是“风险”和“奉献”。

② 你需要足够的耐心来等待交易。

耐心本身就是客户和销售员关于成交带来的利润或者损失的心理博弈。只要有一方认输，那么另一方就是胜利，尤其当利润空间越来越小的时候。

那么，我们如何控制自己的耐心呢?

不要操之过急

大单总是要慢慢才能熬成。不论是自己，还是客户，都会很谨慎，因为一旦交易完成，那么，后悔就晚了。所以，交易不要操之过急。当然，即使你着急、焦虑也不要表现出来。因为你越着急，对方就会越谨慎，甚至会怀疑产品本身有问题，甚至刻意压价。

做好承担后果的准备和成功的设想

当然，坚持自己的立场，就要有承担后果的准备。如果你为自己想好了最差的后果，你就可以以足够的理性去面对客户的纠缠。

在做好最差后果的准备的同时，你也要做好最好成果的心理准备。毕竟，交易是为了成功才去进行，而不是失败。好的设想可以促使你坚持自己的立场，也可以促使你以更积极的态度去进行交易。

对于一项交易来说，谁最先失去耐心，谁最先失去理性，谁就失败了。所以，总的来说，我们的交易的成功是建立在自己少犯错的基础上的。

值得注意的是，坚持一个立场，不是一成不变的。因为市场瞬息万变，所以，你需要足够的信息来支持自己的"立场"。记住，交易不是赌博，不适合顽固和疯狂的人参加，否则，稍不注意，自己就有可能从小损失变成大损失。

二选一法则——把主动权握在自己手中

你在一家百货公司里，推广某品牌的女士套装。某女士只是随意看看，那么，你就可以轻声问："您的气质比较适合紫色和蓝色系，您想要哪种呢？"

"是么？嗯，可以试一下紫色的，我还没有试过这种颜色的。"

有一群鸽子经常受到邻近崖壁上老鹰的挑衅和威胁。但是，因为它们的机警灵活，面临危险，总是有惊无险，死里逃生，敏捷地躲过老鹰的袭击。

费了半天劲，老鹰也没有抓到一只鸽子，于是想了个办法。等到再次遇到鸽子的时候，它没有追击，而是大声问：“难道，你们宁愿一辈子活在恐惧之中么?”鸽子很是疑惑。老鹰说道：“我想，除了我之外，你们还受其他猛禽的袭击吧？如果你们尊我为王，我保证其他猛禽再也不会威胁你们。怎么样?”

鸽子觉得这个提议不错，于是就推举老鹰为王。

但是，不久，老鹰对它们说：“因为我是你们的王，但是又不能像你们一样吃稻谷，又要为你们赶走外敌，你们应该给我送来食物——每天一只鸽子即可。”

鸽子们回去叽叽喳喳地辩论起来，但是，最终还是同意了老鹰的话，因为它们免受攻击，已经失去了最初的逃生本能。

“我们真是自作自受。”一只将要被奉献的鸽子叹道。

谁拥有主动权，谁就有了权力进行下一步的部署，因为他已经掌控着整个事态的节奏。当然，交易不像老鹰和鸽子那样残酷，但是，不论是买方或卖方拥有主动权，为了不被动交易，就要主动提出选择的可能性。

在老鹰的选择中，一个是“屡受侵害”，另外一个是“立我为王”。对于老鹰来说，这没有什么坏处，即使鸽子不同意，那么，它还可以像以前一样去捕食鸽子。但是，因为它的诱惑性很强，所以，鸽子们同意了，老鹰就掌握了这场博弈的真正主动权。

而这种最初的选择就是二选一原则。二选一原则是一项产品进行推广的时候，一线销售员经常使用的策略，而且非常有效，甚至可以提高五六成的销售率。具体来说，就是你通过提问，向客户提供两个选择，而且，这个问题是客户必然会回答的，那么，当客户进行选择的时候，就有了购买的意向。

比如，你在一家百货公司里，推广某品牌的女士套装。某女士只是随意看看，那么，你就可以轻声问：“您的气质比较适合紫色和蓝色系，您想要哪种呢？”

“是么？嗯，可以试一下紫色的，我还没有试过这种颜色的。”

这时候，你就可以从紫色系列中为她挑选出两三套，千万不要只是一套，因为一套的成功概率比较低。

……

当然，可能你的眼光比较准，她穿着比较合适，当然还会有另一种情况，不过，你成功的概率已经提升了。相反，如果你问她：“您喜欢什么款式？”“您喜欢什么颜色？”那么，对于她来说，丝毫不起作用，她的购买意向仍旧几乎为零。

这就是二选一原则，通过问题，将销售的主动权转移到自己手里。只要你懂得运用问题，那么，总有一款产品适合你的客户。在具体操作中，面对购买意向比较差的客户，你如何去提问呢？

客户说：“我没钱！”

你可以这样说：“的确，现在经济形势不太好，钱要用在刀刃上，但正因如此，我们才要用最少的资金创造最大的利润。而我们的产品正是如此，您看，下周五，或者周末拜访您，怎么样？”

客户说：“我现在没时间！”

你可以这样说：“先生，洛克菲勒说，每个月花一天时间在钱上好好盘算，要比整整 30 天都工作来得重要！我们不会耽误您多长时间的，25 分钟就行！您看，星期一上午还是星期二下午哪个时间段合适呢？”

客户说："先这样吧，以后我会再跟你联系的！"

千万不要以为客户以后就真的和你联系。事实上，他是明确地拒绝了你。你可以这样说："也许目前您还没有太大意愿购买我们的产品，不过，可以认识一下，相信会对您以后选购类似的产品很有帮助！"

客户说："到最后，目的还不是推销东西？"

你可以这样说："您说的没错，我是很想销售东西给您。因为产品肯定会带给您惊喜。如果您有兴趣，我们可以研究看看！嗯，您看您这周末有时间么？是您来这边，还是我来看您？"

值得注意的是，不管你使用什么方式去让客户购买，不要忘记，不要为客户介绍不合适的产品。交易虽然是博弈，但是，并不是诡诈地卖给客户不适用的产品。

权威效应——客户只相信专家

如果你是一位房屋的销售员，你了解的不仅仅是房子的本身，你还要懂得欣赏建筑。如果你是一位化妆品的销售员，你不仅要了解产品的内在含量，还要懂得什么样的人适合什么产品，甚至还要在色彩和气质风格上有所研究。

看过安徒生的《皇帝的新装》，很多人都在为皇帝的新装感到可笑。但是，每个人的心里都有类似的影子：

某心理学系学生正在听一位德国来的著名化学家讲课。这位化学家拿出一个瓶子，里面装了一些透明的液体。化学家说，这是他最新发现的化学物质，有些气味。他要求下面的学生闻到气味的时候举手示意。不久，多数学生都举起了手，示意自己闻到了某种说不出的味道。其实，这位化学家手里的透明液体只是蒸馏水。

而在另一堂课上，这位化学家被介绍为本校新来的讲师，当他说出同样的话，台下的学生却少有人举起手。

这就是权威效应。在心理上，人们是崇尚权威的，所以，才会有皇帝穿上的所谓"新装"，人们虽然没有看到新装，却不肯吭声的现象。对于大多数人来说，权威代表着"信任""肯定"和"安全"，很多时候，权威也代表着主流的行为和思想，所以，顺从权威，就意味着被"认可"。

当然，交易行为也是如此。越专业，越权威，也就越容易被信任和认可。那么，在进行一项交易时，如何表现自己的权威呢？

首先，权威的形象

乔·吉拉德说："一个人的外在形象，反映出他特殊的内涵，倘若别人不信任我们的外表，你就无法成功地推销自己了。"销售员的形象，虽然不是客户直接购买产品的原因，但是，却可以成为客户否定产品的原因。

试想，如果你到医院去看病，一位打扮得花枝招展，说话奶声奶气的小姑娘给你看病，你心里能不低估她么？同样，一位看起来邋遢无礼，不修边幅的销售员，客户的心里也会低估他，这个人卖给我的产品是不是"质优价廉"的。自然，在第一时间被客户关注的不是产品，而是销售员本身。

其次，权威感来自于知识

关于优秀销售员的最杰出的特质，可口可乐公司曾经询问过他们的客户，而最多的回答就是“具有完备的产品知识”。形象只能是权威的包装，而真正的专业感和权威感，只能靠销售员本身的专业知识。

相对那些只会说“我们的产品是最好的”销售员来说，一项具体的关于产品内部结构的解说，更具有说服力。当然，这样的内部解说要深入浅出，否则客户初次接触产品肯定会云里雾里，不知所云。

从本质上说，充分了解产品是每个销售员必备的能力。如果你是汽车的销售员，你应该知道，你销售的汽车油箱是怎么设计的，你的汽车卖点是什么。比如，一位专业的沃尔沃销售员肯定会把沃尔沃汽车在遇到滚落现象时，很少会发生夹伤人的特点告诉顾客。因为沃尔沃轿车的四个门会自动弹开，尤为关键的是汽车座位的一圈钢板是一起整体成型的，而不是拼接的。

只有你了解自己的产品，才能懂得产品的价值所在，在面对客户的提问和质疑的时候，才能给予更好的解答。很多销售员都会面对“你们的价钱太贵了！”这样的问题，如果你懂得产品的价值，那么你就可以传递出“物有所值”的信息，自然，价格贵就不再成立。

再次，拓展你的知识结构，提供高质量的信息

某英语教材的销售员，告诉他的客户，“在短期内学习这套教材就能流利地说英语”。客户听了很长时间，有些不耐烦地说：“如果你能用英语把刚才的产品介绍说一遍，我就买。”销售员愣住了，因为他做不到。客户有些刁钻，但是，从另一面，销售员本人都没有信心。自然，那些陈词冗调的介绍，只能让客户厌烦。所以，了解产品本身的信息，告诉客户产品是什么样子是远远不够的。

所以，如果你是一位房屋的销售员，你应了解的不仅仅是房子的本身，你还要懂得欣赏建筑。如果你是一位化妆品的销售员，你不仅要了解产品的内在品质，还要懂得什么样的人适合什么装扮，甚至还要在色彩和气质风格上有所研究。

销售的不仅仅是产品，还有更好的服务。你需要传递给客户，整个行业的最新发展以及流行趋势信息。而产品本身也就是一种趋势和行业发展的标志。对于现代人来说，人们使用产品本身，不仅仅是使用产品的使用价值，更多的是产品附加价值，比如——时尚、气质等。总的来说，他们想知道这个产品代表的一切！而这些正是权威销售员所要了解的。

最后，下面是你需要具备的基本专业知识

它对客户有什么好处（产品及其用途)？产品优越性在哪？

公司的历史、财务、成员、声誉及经营策略等。

竞争者的产品的情况。

你可以从哪儿找到这些知识？

书籍、杂志、互联网

公司的相关产品资料研究

公司同事

和公司有关的业务人员

客户

有条件可以到工厂去参观，最好亲自使用一下产品。

蛋糕在融化——避免利润缩水就是赢利

任何决定都是要兼顾眼前和长远，兼顾全局和局部。如果你一定要坚持自己的意见，那么，整块蛋糕，你和客户都不能得到，利润为零。因为争执最后的结果就是谈判破裂。所以，在此时，不妨提出折中的建议。比如，你提出半年回款，而价格降低 1 个点，以此与客户协商。

两个孩子在分一块蛋糕。正常来说，应该是一方将蛋糕切好，另一方选择自己得到哪一块蛋糕。当然，选择蛋糕的自然会选择更大的一块，而分蛋糕的要做的就是将两块蛋糕尽量平均切分。这样自己分到的蛋糕才不会小。

现在，问题出现了。如果两个小孩子的分的不是一块普通的蛋糕，而是一块冰激凌蛋糕。那么，在讨论如何分蛋糕的时候，两个孩子还要面临这样的问题——蛋糕在融化，多一分的等待，分下的蛋糕就要小一些。

到了这里，分蛋糕，就从一场定势博弈，变成了一场动态博弈。而在销售中，这种动态博弈更是常见。即使产品在原料、销售价格等环节上都没有变动，但是，时间成本却在增加。双方博弈的整体成本就在增加，这就像两个小孩分一块冰激凌蛋糕一样，整体的利润正在缩水。当然，市场不是始终不变的，信息的瞬息万变，造成了销售环节可能就要因此改变。但是，无论怎么变，你要做的应该是避免整个销售环节的利润缩水！

一般来说，利益缩水往往出现在销售员处于劣势，而客户处于优势的情况下。比如，因为在最初的销售中，销售员因为低估客户的实力，没有足够的准备，造成客户的步步紧逼。最后出现了一个非常残酷的问题：

想要A，那么，就必须在B上让步；相反，想要获得B，那么就要放弃A；如果你既要A，又要B，那么，终止交易，谈判失败。

鱼和熊掌，哪个更好？是的，这很难决策。很多时候，客户设计的方案，不是鱼和熊掌的选择，而是熊掌和熊掌的选择，双方没有任何优势和劣势可言。那么，如果此时，蛋糕本身并不大，面临的就是自己得到一小块，而客户获得一大块。

来看这样一段对话：

销售员：“对产品，如果各项条件，您都没有什么问题了。那我们可以商谈一下合同的细节了。”

客户：“这样，你们的付款一般有什么要求？”

销售员：“您也知道，这个行业都是预先付款一半，然后，我们再发货。而另一半货款，则是在一个季度内确认货物没有问题后，一个月内付清。”

客户：“这样，我想强调一下。我们要求的是先发货，后付款。在发货一年内我们检查没有问题，会付清全部货款。当然，如果想要坚持你们的发货和回款要求，那么，就要下调产品价格5个百分点。”

销售员：“这个价格已经是我们谈好的最后成交价，而且，我们已经没有了任何降价的空间，否则，就是赔本了。”

客户：“那就按照我们的要求付款，发货后，全款一年内付清。不然，我们也不必再谈了。”

很多人都会面对这样艰难选择的问题，是保价格还是降风险。

当然，你要做的就是权衡各方面问题，尽量地避免利润缩水。如果你确认客户可以保证付清货款，你还要考虑，一年的回款期，能不能支持公司的资金运营。另外，有了这次的交易前提，那么下次交易，客户是不是仍然这样要求？而客户要求降价，是不是真的到了价格底线，而在以后的商业谈判中，这样的底线会不会被利用，从而降低利润？

任何决定都是要兼顾眼前和长远，兼顾全局和局部。如果你一定要坚持自己的意见，那么，整块蛋糕，你和客户都不能得到，利润为零。因为争执最后的结果就是谈判破裂，所以，在此时，不妨提出折中的建议。比如，你提出半年回款，而价格降低 1 个点，以此与客户协商。

当然，如果可以，你应该更早地对客户提出产品的回款和发货的条件，并且保留一部分空间。只有这样，才能避免客户给予的“鱼和熊掌”的选择题。毕竟，既拥有切蛋糕的权力，又拥有分蛋糕的权力，才能避免整个利益空间，因为客户的“要求”而缩水。

总的来说，在一个动态销售博弈中，你需要把握下面几个原则：

① 掌握最及时的信息，如果可退，那么，退一步就是换取更大利润。

② 如果无路可退，不妨转移客户视角，即使在这些方面，你让步了，也不会有太大损失。

③ 不要轻敌，准备一切可能遇到的问题。

第5章

针尖对麦芒——拜访、介绍产品与谈判的博弈诡计

拜访、介绍产品与谈判是针尖对麦芒的行为博弈。

你，准备好了吗？

鱼刺的价钱——讨价还价试探术

想要完成交易，就要站在共同的立场上去分析产品。这样，能避免讨价还价带来客户将你当成对手的心理。所以，你一定要让他知道，你并不仅是为了利益而讨价还价，还是为了客户而讨价还价。

一个富翁在进餐的时候，不小心被一根鱼刺卡住了嗓子。因为鱼刺比较大，他难受异常，一会儿就大汗淋漓，汗湿了衬衫。很幸运，他的邻桌是位医生，并且随身带着一套简易的工具。于是，医生走过来为富翁清理鱼刺。经过一番忙碌，鱼刺终于被医生用镊子取了出来。富翁很是感激："我应该付你多少钱？"医生看了一下富翁，边收拾手里的工具边说："这样吧，刚才您嗓子里卡着鱼刺时说了个价钱，我收取一半怎么样？"

这是一场关于试探与揣摩的博弈。因为富翁嗓子里的鱼刺已被取出，医生丧失了谈判的主动权，所以，当富翁问到"我应该付你多少钱"，由于主动权发生了转移，医生提出了"我收取一半怎么样？"。当然，如果在富翁被卡的时候，价格就可能是富翁提出的全价，甚至更高。

不过，你还可以换个角度想，如果医生面对的不是一位富翁，而是一位普通人，他收取的价格又是多少呢？很显然，可能是爱心劳动，分文不取。销售也是如此，因为买卖双方的当事人不同，价格革命的终止点就不同。而讨价还价本身就是一场博弈的斗争。在市场上，你会经常遇到这样的现象：

一个人看中了一件东西，卖家也看出客户想要购买，一场价格战就此拉开：

“这个120块。”“你也太能扯了吧？30块！”“这样吧，我给你80！”“还是太贵，40！”“你再添点，这都不够我的成本！这样，60吧！”“最高我就45，再高我就走了！”“算了，成本价给你，50！”“算了，就这几块钱，我也不计较了。”

很多人会说，为什么不直接说50块好了，还要费劲还价。错了，50不是价格，而是买方和卖方的最终博弈的结果。如果换一个买主很可能会40元，或者80元成交。价格高低与否是买卖双方对产品进行预测和试探的最终结果。

而整个讨价还价的过程就是一个动态博弈的过程。两个人如果完成整个交易，就完成了利益值——M的分割。那么，谁能占据最大部分的M值，谁就能赢得这场动态博弈的胜利。当然，在每次价格的提出和反驳中，两个人都要最大化地试探对方，以便提出对自己更有利的价格。

那么，我们在价格博弈中，如何揣摩试探呢？

首先，全面认识客户的购买力

如果你的客户购买力不高，那么，无论你采取什么策略，能完成的交易也是有限的，为了一点利益的争夺更是斗智斗勇；如果你的客户购买力高，那你就能意识到，你能成交的额度会是多少。

当然，这就需要你对客户公司财务状况、经营状况及目前项目引进状况做全面的统计，最终，你才能判断出客户的预期购买力。

其次，把你的优势列表说明

如果你想要客户以高的价格与你成交，你就应该让他意识到，你的产品属于高价格行列。这就像你和你的上级提出涨薪要求，你需要把你的工作能力、工作业绩以及自己个人薪资的水平与其他公司相同职位的薪资都提出来。只有这样，你的上级才能认识到，他应该给你加薪。同理，你也应该让客户认识到你的产品优势、同等质量的产品其他竞争对手会提出的价格等。

一个明基投影仪的销售员和一家大型公司的采购进行谈判。他了解到，这家公司在组织大型会议时，会在投影的亮度和携带上要求很高。所以，销售员努力向这家公司的采购介绍了一款型号为 MP725 的投影仪，针对这款投影仪的亮度和使用特点，进行了详细的介绍。因为价格合理，所以，双方很快达成了协议。

再次，利益共有

买卖双方完成一笔交易，就是在分割产品的利益，只不过看谁分割得更多而已。而没有完成交易的话，两个人的利益就都为 0。所以，不要为了自己的利益，去催促客户购买，因为这会让你的客户选择另一个卖家。

想要完成交易，就要站在共同的立场上去分析产品。这样，能避免讨价还价带来客户将你当成对手的心理。所以，你一定要让他知道，你并不仅是为了利益而讨价还价，还是为了客户而讨价还价。

最后，适当提高你的报价

如果你报价本身就低，那么，你本身就没有了价格博弈的空间。这就像上面提到的买东西，如果你标价就是 50 元，那么，很可能最终的结果是，你的产品会以 30 元卖出。另外，对客户来说，提的价格低，会让他对你的产品质量产生怀疑。所以，最后客户可能会将你的产品价格压得更低。当然，此时博弈的双方都会很痛苦，因为空间幅度很小，所以，客户会没有博弈的“成就感”和满足感。即使最终完成了交易，两个人也是面红耳赤。

所以，不妨适当提高你的报价，为博弈打开空间。

有效陈述法则——每句话都务必说到点子上

一位老太太到某商场购买电暖器。接待她的是一位年轻导购员，这位导购员花了整整两个小时介绍了电暖器的特征，从电暖器的安全性到使用年限，从外观到结构制造等，不一而足。然后，她问老太太：“怎么样？这样讲您明白了吧？”

老太太仍是一脸茫然：“小姐，我还是有点儿不明白，这个电暖器是不是足够暖和，比家里的水暖气片怎么样？”

很显然，导购员的陈述老太太都没有听进去，甚至听不懂，而这些就是无效陈述，对产品交易非但没有起到积极的作用，反而还会产生消极的影响。因为你不但浪费了自己的时间，还浪费了客户的时间。

所以，你必须要使用有效陈述。你必须让客户从你的陈述中，了解这款产品是否适合自己的需求。你的陈述应该是这样的——可信、易懂、易销。

某电褥子销售员对顾客说：

“这个电褥子面料是由50％的毛、25％的棉和25％的化纤组成，可以水洗；另外，它可以自动控温，有两个开关。宽1.5米，长2米，重3斤。”

其实，只要适当转化描述的角度，顾客就会动心了。

而同样的产品，另外一个销售员就是这么介绍的：

“这个电褥子面料成分是毛、棉和化纤，所以不用去干洗，直接水洗就可以保持褥子干净。另外，它能自动控温，你可以随心调试，冷了就把温度调高点，热了就调低点。在设计上，它有两个开关，在褥子的两头，所以，想要开关的话很方便，不用起身。另外，这个褥子宽1.5米，长2米，单人和双人都可以用。保存起来也方便，才3斤。”

很显然，第二位销售员的电褥子肯定卖出得多，因为她做出了有效陈述。对一个销售员来说，只讲产品特点只是三流的销售员，而说出产品优点则是二流的销售员，最好的销售员则能够将产品优点和客户利益很好地结合。而这，就达到了销售的目的，即做出了有效的陈述。

具体来说，一份有效陈述应该具备以下要求：

信赖感：从你的陈述中，你的客户可以消除疑虑。

与竞争对手不同的点：你应该让客户知道你的产品是和竞争对手不一样的，并且更适合他。

使用性：你应该确认客户能够通过你的表达，可以很方便灵活地操作你的产品。

购买理由：从客户角度，给客户购买的理由。

印象：你的陈述应该给他留下良好的深刻印象，即使他没有购买你的产品。

那么，如何进行可信、易懂、易销的陈述呢？

首先，认清客户到底在购买什么，创建有效陈述所需的思路

你的客户不是买钻头，而是买它们打出的光滑的孔。

你的客户不是买打印机，而是买打印出来的清晰、精美的手册，这个手册可以反映他的形象。

你的客户不是在买汽车，而是买时间、地位、身份、安全和平稳驾驶。

你的客户不是在买保险，而是买未来的安全感和经济保障。

你的客户不是买眼镜，而是买清晰的视力、对眼睛的保护和时髦的配饰。

针对你的产品，问一下，你的客户在买什么？

其次，认清产品特征，将产品优先次序排列

无论什么产品，它能传递的信息都不是单一的，而不同的客户对不同的产品信息的关注点也不同。所以，你需要针对客户，为你的产品信息进行排序。

一个想要买专业相机的人，他更要求产品的性能；而一个只是想普通拍照的顾客，可能更关注价格、外形等方面。对前者来说，他更想听的是产品的性能、结构介绍，他需要你用专业来说服他。而普通拍照的顾客，可能稍微了解性能后，明白能够拍出清晰的图片，就会更关注这个产品是否做活动、能不能优惠，或者和这个产品价格相似的其他产品的外形如何。

所以，针对不同的顾客，你需要将你的产品信息提前排序，遇到行家说行话，遇到外行释疑，表现自己的体贴。并且，以简洁、准确、易懂的方式传达给顾客。

当然，不管怎样，你都必须了解产品的全部信息才能做到这点。

再次，强调客户的利益

你必须针对客户的利益进行陈述，否则，陈述无效。就像第二个电褥子的销售员，他就是站在客户立场上进行介绍的。当然，不同的客户的需求是不同的，所以，你传递的信息不必面面俱到，而是对客户侧重点进行着重介绍。

不管你的陈述是怎样的，你的目的都是这以下三点：

① 客户可以通过你的陈述清晰了解到自己想要的东西；

② 为客户创造了专业、体贴的氛围；

③ 客户听完之后，有购买的冲动；

总之，你的目的是将产品卖出去，并且让你的客户认识到，你的产品比其他竞争者更适合他。记住，清晰有效的陈述，是你销售量递增的通道。

合理利用机会，避免客户的要挟

当你的客户只有一个时，为了避免要挟，你最好的办法就是让客户的利益与你的利益相联系。只有利益相一致，双方才能真正地合作。

一位犹太商人把儿子送到耶路撒冷去学习。不幸的是，他生了一场大病，在弥留之际，知道不可能见到儿子了，不得已，他立了一份遗嘱：

“我所有的财产都转送给一个奴隶。不过，如果我的儿子想要财产中的一件，那么奴隶必须答应。但是，仅限一件。”

被给予财产的奴隶很是高兴，认为自己时来运转，于是连夜去耶路撒冷找到商人的儿子，告诉他商人已经去世。然后，把商人的遗嘱拿出来给儿子。儿子非常伤心，而看到遗嘱又很是惊讶，因为他的父亲只留给他一件东西！

儿子向一位贤人请教父亲为什么这么做。贤人看罢遗嘱说道：“你的父亲知道自己即将去世，但是你又不在身边，此时，很可能家里的财产会被趁火打劫。而他将财产用遗嘱形式转移给奴隶，那么，奴隶就会把财产保管好，并且尽心竭力地找到你。当然，因为奴隶属于主人，所以你直接选择奴隶就可以了。那么，奴隶的财产也就属于你了。”

这是一场奴隶与奴隶主之间的要挟博弈。商人因为重病，儿子不在身边，而只有虎视眈眈的奴隶在身边。此时，奴隶处于要挟的主动地位，商人不能妥善处理财产分配的话，很可能财产就会被奴隶掠走。但是，通过遗嘱“儿子拥有选择权”，而让奴隶保全了财产，当遗嘱送到了儿子的手中，那么，要挟的主动权就到了商人儿子的手中。最终，奴隶仍然处于儿子的要挟之中。

销售业也是如此，买方和卖方本身就是关于市场的博弈。一个产品处于买方市场，买方就拥有了降价的主动权；相反，处于卖方市场，那么卖方就有了提价的主动权。当产品价格和形势越走好，那么，卖方就越惜售，越提高价格；产品价格越走低，买方就越压价，甚至让卖方出现“亏损”现象。

当然，市场形势不是人为可以控制的，但是，你可以根据产品，控制自己的销售节奏。在价格博弈中，避免处于被动的主要方法则是：

主动出击，寻找反要挟的措施

比如，你的客户要求货到付款，你就要考虑，货到客户付款概率有多大。而为了避免客户货到不付款，那么你就要做出相应的要挟手段。而在签订合同和具体的操作中，也要避免自己处于要挟之中。

寻找多个客户

如果你只有一家客户，那么，很可能你就会在一棵树上吊死，被客户要挟。而客户的存亡也影响你的存亡，所以，为了避免这种状况产生，你必须寻找多个合作的客户。

如果不幸你的客户当时只有一个，那么，这个时候你要怎么办？

20世纪初，像很多汽车公司一样，通用汽车的车身也是从其他公司购买的。当时，为通用提供车身的是费雪车身公司。

因为汽车工业是高投资型工业，一旦费雪车身公司接受订单，并按照通用的标准完成了生产设备，进入生产后，通用公司就可以从中要挟，甚至趁机压价。所以，为了保证自己的产品能够被采用，不被压价，费雪车身公司要求通用汽车公司签订长期协议，其中具体规定了产品规格和定价方式。最为关键的是，通用一旦签订协议，那么只能从费雪车身公司定制车身。

结果，通用被费雪车身公司套住，而此时，费雪车身公司却具备了要挟通用汽车公司的优势。当然，费雪车身公司也利用了这个优势，在效率和兴建车身厂（通用要求在公司附近兴建，以减少成本）方面，他们拒不合作。

最后，通用公司购买了大额度的费雪车身公司股票，使得自己成为费雪车身公司的大股东。最终，避免了费雪车身公司要挟。

所以，当你的客户只有一个时，为了避免要挟，你最好的办法就是让客户的利益与你的利益相联系。只有利益相一致，双方的要挟才能转化为真正的合作。

价格博弈时，千万不要接受第一次开价和还价

直接接受客户的价格就意味着产品不值得信任。客户会对产品产生疑虑："我购买的是不是离价格底线还差很远?"这也是为什么，在楼市上会有"买涨不买跌"现象。因为买房者会根据目前的上涨状况，预测以后价格仍旧上涨。同样，其他产品也是如此，过于简单地答应客户提出的价格，就会让客户产生产品本身价格会更低的心理预设。

产品价格永远是交易的关键因素。想要很好地完成交易，就要在价格上下功夫。否则，没有价格的博弈优势，你前期所做的努力都是白费。

一天，一位机械推销人员向客户推销他们最新的产品。关于这家公司，客户曾经了解过，他们的产品质量在行业中属于前列，并且在售后上信誉也很好。正巧，自己公司的部分机械已经老化，而现在业务逐步扩张，正需要再引进新的机械设备。这个推销员正向他介绍自己公司的产品，他扬手打断了销售员："50 万元，这个价我就做。怎么样?"

销售人员很吃惊，没想到客户这么干脆，这个价格虽然不是很高，但是，也可以成交。不过，他还是对客户说："嗯，这样吧，我回去和上级申请一下，看看他怎么说。您给的价格实在太低了。"

第二天，推销员询问了上级后，给客户打电话说："真是不好意思，50 万元，我们经理认为太低了。这个价格是不可能的。您可以打听一下，和我们同等级产品的价格。"

客户沉默了一段时间，然后问："你们经理给的价格是多少?"

"80 万元，这已经是最低的了。"销售员说。

"嗯，行，就这样吧，具体细节我们会有人和你们专门沟通的。"客户说。

最后的成交价格 80 万元，是客户和销售员博弈的最终结果。其实，还价和提价本身就是对客户和销售员的心理考验。对客户来说，在心理预期上，会对产品本身的价格进行预测。而他提出的价格往往会比自己的心理预期要低一些。

可以说，第一次的开价本身就带着试探的性质。而对销售员来说，一个产品也有最低的销售底价。但是，当客户提出的价格符合自己的销售范围的时候，并不意味着这场交易就可以成功了，很简单，因为此时客户并没有做好最终的付款准备。所以，不管这个价格合适还是过低，都不能答应。

否则，直接接受客户的价格就意味着产品不值得信任。客户会对产品产生疑虑："我购买的是不是离价格底线还差很远?"这也是为什么，在楼市上会有"买涨不买跌"现象。因为买房者会根据目前的上涨状况，预测以后价格仍旧上涨。同样，其他产品也是如此，过于简单地答应客户提出的价格，就会让客户产生产品本身价格会更低的心理预设。

很多销售员都遇到过这样的现象。自己跟了几个月的客户，突然打电话给你，约你洽谈交易的事项。当你兴奋地来到对方公司，客户对你说，因为有几家公司同时开展竞争，现在他们没有足够的时间和几家进行谈判。所以，只要你能在报价方案上，降低5%，那么就可以签协议了。但是，当你做了决定后，关于合同和协议问题，你的客户却缄默起来。

不久以后，你发现，你的客户竟然和你的竞争对手达成了协议，甚至，他们的协议价格竟然比你的价格还要高2%!

原因很简单，因为客户过于容易地拿到了他们想要的价格，所以，他们就对产品进行预期——你的产品质量会有一定的"折扣"。毕竟，"一分价钱一分货"。所以，此时销售就发生了逆向选择——质美价廉反而遭到了淘汰。当然，这和产品信息不对称是相辅相成的。正是因为客户对两个对手产品的信息没有全面了解（当然也不可能全面了解)，造成了销售的逆向选择。

其实，逆向选择本身是一个经济学词汇。经济学家将由交易双方信息不对称和市场价格下降产生的劣质品驱逐优质品，进而出现市场交易产品平均质量下降的现象，称为逆向选择。

最早，经济学家乔治·阿克劳夫和迈克尔·斯宾塞、约瑟夫·斯蒂格利茨在“二手车市场”发现了这样的现象。在二手车市场上，因为买方总是比卖方拥有的信息要少得多，同时，他们对二手车的识别也有所欠缺。所以，为了避免自己用高价买到劣质车，买方就根据自己估计的平均价格来购买二手车。结果，卖方——二手车的老板为了营利，自然尽量地选择劣质车，因为好车是赔本的。结果，就出现了差车越来越多，而好车却越来越少，好车被坏车淘汰的现象。此时市场本身的调控能力——质高价优已经失灵。

所以，为了避免客户的逆向选择，你此时就要反其道而行之，尽量避免自己的产品价格下降，从而消除客户“低价意味低质量”的心理。在同种竞争情况下，因为产品信息的不对称，你很可能被客户淘汰。

值得注意的是，即使你没有被客户淘汰，当你接受了客户的提价之后，就处于价格博弈的被动中，你很难再找到机会和客户提价。

那么，在具体的销售中，你可以用以下策略避免第一次开价和还价，坚守自己的产品价格，避免客户逆向选择。

① 我们的产品报价和数量有关。因为您需要的产品数量有限，所以，在价格上我们是不能给予优惠的。

② 您也知道，现在的原材料的价格在上涨，运输的成本也在上涨，所以，我们的产品成本也增加了不少，在价格上，我们保持这个价格本身就属于已经降价了，否则，再降价我们连成本价都达不到了。

③ 您可以去问问其他购买过我们产品的人，在质量和信誉上，我们肯定是属于行业的前列，并且在售后维修上，我们可以做到足够的保障，而这些其他很多同行企业是做不到的，所以我们的价格比同行高。

④ 这个价格，已经是给您的最低价格了，×××公司您听说过吧，我们一直为他们提供产品，这个价格已经是老客户的价格，而一

般的客户价格肯定是比这个价格高的，如果需要证实，我们可以把另一个客户的报价给您看看。

如果最后客户仍然坚持降价，那么，你还可以用上级做掩护："对不起，这个价格实在有些低，我需要跟领导请示一下。"

记住，销售本身就是一个欲擒故纵的游戏，人们总是对越不容易获得的东西，越有想得到的欲望。所以，你要做的就是增强客户这种需求的迫切感，提高客户对你的产品的心理定位。那样，销售就会异常简单！

进二退一谈判法——用次要问题代替主要问题

谈判就是冲突的集合体。对于主要问题，买卖双方都不愿意后退。此时，谈判就容易陷入僵局。但是，换个角度，可能就是海阔天空。

柯伦泰是苏联著名的女外交官，她非常善辩，被任命为苏联驻挪威的全权贸易代表。一次，柯伦泰和挪威商人进行购买挪威鲱鱼的谈判。

挪威商人要价说："五位数，就这个价，再低了，宁愿烂掉！"柯伦泰不动声色，伸出一个中指："一位数，否则，我就去别国进。"挪威商人瞪大眼睛，而后调侃道："这个价格只够去买鲱鱼骨头！"

柯伦泰又伸出一个左手的小指："刚才搞错了，你的鱼价还要压低一成。"挪威商人有些气愤地说："这不是开玩笑！"柯伦泰想了想："嗯，你要是诚心想卖，我可以出两位数。"挪威商人对柯伦泰很是气愤，谈判陷入僵局。

不久，柯伦泰很是无奈地说道："我也不想伤害你们的感情。好吧，我同意你们的价格。”挪威商人很是高兴。但是，柯伦泰转口道：“如果我们政府不批准的话，我就用我的工资给你们吧！不过只能分期付款。唉，一辈子都只能还债了。”最后，为了做成生意，挪威人只好以苏联政府能接受的最低价格卖出了鲱鱼。

关于产品价格，每个人都会讨价还价，但是，柯伦泰的方式却是故意使得矛盾扩大，谈判陷入僵局，因为对方以为柯伦泰没有交易的诚意。但是，柯伦泰却在对方气恼的时候，后退了一步做出妥协，而这种妥协却将整个问题模糊了。

表面上是后退了，让问题得以化解，主要矛盾不复存在，但是，这种后退却是“不能后退的后退”，也就是说“没有退路”——因为挪威商人不可能让她一辈子用工资来还债。这个时候，主要问题已经不在价格上，而是“工资还债”的问题。结果最终，次要问题替换了主要问题，殊途同归——柯伦泰低价购买了挪威商人的鲱鱼。

这就是用次要问题替换主要问题的谈判策略。虽然这里是站在买方角度，但是，这个方法同样适用于卖方。

通过转移购买立场来瓦解主要问题

如果你命令一位唱歌不好、性格内向的人登台唱歌，他肯定会一口拒绝。因为这对他是痛苦的，因为他唱不好，这会让别人嘲笑他。但是，如果你请一些人为他鼓掌，鼓励他登台唱歌，那么，他可能会答应。因为他此时唱歌，并没有被嘲笑的危险，反而会被自己冠以“勇敢”的心情。这样，唱歌的立场就改变了。

谈判也是如此，你的客户一定希望用最低的价格完成交易。但是，你可以为他准备其他的立场去完成交易。

一位母亲到一家商场为她5岁的女儿买脚踏车。她看中了一款，但仍旧犹豫不决，因为她觉得脚踏车价格有些高。销售员看她犹豫不决，说道："这款脚踏车很多妈妈都选了。相对于其他脚踏车，这款脚踏车的设计更能避免带给孩子的危险，它有一个遥控器，适于紧急刹车的情况。"

是的，每个母亲购买脚踏车，不仅仅是为了让孩子学习，还需要尽量避免脚踏车带给孩子的危险。当销售员说明这个问题，价格立场就已经转化为安全立场，主要问题已经被次要问题所替代。这时，即使多一些钱，妈妈也肯定会同意购买脚踏车。总的来说，只要你想要和客户成交，那么你就应该用各种方式，让客户感受商品带给他的好处。

冲突需要改变角度

谈判就是冲突的集合体。对于主要问题，买卖双方都不愿意后退。此时，谈判就容易陷入僵局。但是，换个角度，可能就是海阔天空。上面鲱鱼案例中，柯伦泰就是利用"以退为进"的方式，来改变冲突问题。

当然，你一定要分析清楚你的主要问题是什么，一种谈判方式不通，换另一个角度来分析，就可能达成一致。但是，不要因为换角度，而被对方用次要矛盾侵蚀你的利益。

让客户亲身体验，客户就会主动签单

当你为客户的未来描绘了一幅生动的画面，其中也包括为他描述了富足的生活。那么，客户的购买意愿也就很强了。这种参与虽然是虚拟的，但是，却是对未来美好的愿景。这是很多人都难以拒绝的。

如果你想买一款车，不管别人怎样说这款车不错，你还是愿意亲自尝试开一下体会是不是你想要的感觉。同样，如果你是汽车销售员，面对前来买车的顾客，一定愿意让他去试开一下，让他全方位感受车的性能，如果性价比合适，而又契合他对车的感受，他很可能就付款了。

同样，商场中，一些化妆品的导购员，总是为前来咨询的人展示他们的产品。如果客户有兴趣，他们会用试用装涂抹在客户的手上，让他们亲自感受产品的效果。当然，很可能客户最初并没有打算购买，但是，当亲自感受后，他们就有了购买的欲望，甚至可能完成交易。

这就是销售中的参与改变行为。

因为相对直接购买来说，参与行为让客户没有心理压力，心情比较轻松，所以，当看到产品不错，就会动心，以致购买。现在很多销售员都已经会使用这个方法，比如，一些服装的导购员会主动让顾客试衣服，不管他是否购买；一些酸奶或者饼干促销，会直接发放给行人产品，以让行人通过对产品的品尝而产生购买行为。

适用于参与改变行为的，有以下几个方面：

任何可以发展你销售的行为，都可以让客户参与

一般来说，很多销售员都会将产品作为最直接的“参与品”，不过，下面的一些行为也可以让客户参与，尤其在一些大型的新品介绍中。

让客户帮你安装一下投影仪、录像机。

让客户帮你挪动一下其他物品，或者插一下电源。

让客户递给你一下纸、擦布。

为他们提供一些饮料或者纯净水。

面对未知信息，人们都会有好奇心，包括你的销售行为。即使他们当时不一定购买，但是他们也会对产品的未知信息感兴趣，为他们以后的购买做准备。所以，这些行为一般都会为顾客接受。而当他们参与其中，就有了“付出”行为——时间、小劳动等，所以，他们会更愿意花时间来了解你的产品信息。本身的参与性，会让他们产生对产品的归属感，避免了他们对产品的排斥。

当产品演示结束后，你可以通过提出问题，来让客户表达他们的感受。

您感觉怎么样？

对比一下，和没有用之前，使用产品后是不是很舒服？

您对产品，有什么不了解或者不满的方面？

如果客户进行了互动，那么你就要认真分析，尤其对一些有疑问的客户——这很可能是他们的购买信号。当然，他们可能不想现在购买，或者一些客户可能会说很好不错，但是当你进一步交流的时候，却发现他们不一定购买。记住，很少有人买自己“崇拜”的商品。

如果你的产品是无形的，采用白日梦形式

如果你的产品是无形的，那么，你就需要通过设想来使客户参与其中。比如，你推销的是一块没有人住的土地，那么，你怎样让客户参与呢？

很简单，你将客户带到这块土地上，告诉他，现在站的位置，是他家里的花园。那么，你可以这样为他构想：

不妨让我们来看看，房子建好后的感受。将来，你可以看到左边建成一个小花园，甬道两边架上几架葡萄，用白色栏杆搭起来，夏天可以乘凉，还能吃到美味的葡萄。花园后侧，建成游泳池，避免了占地，阳光也好，可以和家人可以一起享受日光浴。另外，那边可以建成车库，离主宅比较近，很方便……

当你为客户的未来描绘了一幅生动的画面，其中也包括为他描述了富足的生活。那么，客户购买意愿也就很强了。这种参与虽然是虚拟的，但是，却是对未来美好的愿景。这是很多人都难以拒绝的。

总的来说，这种让客户参与的行为，可以最大限度地减少客户的后顾之忧——“我没有签字，没有任何损失”。也正因为此，客户才更能全方位地“享受”产品，进而产生购买行为。

销售中对客户说这些话，会让你死得很难看

即使在现实生活中，“实话对您说”也是被人排斥的，会给人此地无银三百两的感觉。当然，如果你对客户说，那么，他的戒心一定会加强，希望从中找出你的假话。

一流的销售员，给客户的直接感觉不会是销售员，相反，他们的角色可以有很多种——朋友、知己、专业者、有学问的人，或者其他的角色。这些角色会让客户产生亲近、信任、崇拜的情感，当然，这样的销售员销售的产品，也自然是可信的、物美价廉的。

往往一单生意完毕，这样的角色带来的都是积极的情绪。当客户再想去购买相关的产品，也会很快想到这个销售员。当然，这些角色的产生不是一天实现的，其中需要专业知识的积累、销售经验的总结等。但是，这些都只是内部的“信息”，想要展示这样的角色，关键的一点是恰当的表达方式。

记住，他们从来不是用看起来很专业的“销售腔调”和客户交流。具体来说，这些腔调有以下几种：

刻板的腔调——很少有人喜欢死板的描述

刻板的腔调来自于刻板的词汇，如质量可靠、性能优越、价格低廉等。当然，这些词汇有限，所以，最后不得不重复同一个意思。

刻板的描述方式。将产品的说明书背下来："我厂产品功率大，不疲劳；扇头采用铸铁封闭，不发热；扇叶为合金铝，风力大，不变形。"其实，说明书是给客户看的，而不是用来说给客户听的。而且，说明书往往是技术人员撰写的，所以常常出现不能理解的内容。而当客户问起某些专业术语，你准备不足的话，就会出现尴尬——卖东西都不知道这是什么。

所以，不要去背产品说明书，这对你有害无益。你需要的方式是，认清客户的需求点，从需求点为他解释产品。也只有这样，产品的优点才能成为真正的优点。适当采用幽默一些的方式，一流的销售者并不是每句话都围绕产品说，他会根据客户的话，说一些自己的观点和看法，然后再转移到产品上。

比如，一位电脑销售员会对客户谈一些电子产品的趋势；如果遇到男客户陪女士买电脑的时候，会对女士说："你老公真好，还过来陪你买电脑！"正是这些貌似和产品无关的话，能让客户体会到专业和信任。

标榜的腔调——不要标榜你和产品有多好，客户是不会认可的

一个说"我人品很好"的人，很难会引起别人的认同，即使这个人人品真的不错。好是别人说的，而不是自己说的。所以，不要一味地强调你是一个值得信赖的人，不妨用其他方式告诉你的客户——曾经遇到有客户购买了产品，到家后又不喜欢产品的款型，回来换型号，当时，型号没有了，你自己又跑了好几个店为他找到喜欢的款型——这样比标榜更有说服力。

当然，对于产品也是一样的，不管你怎样吹嘘自己的产品，客户没有看到实际效果仍是不会认可。可以为客户找一些实证来让他确认产品的确不错。

习惯的销售口头禅——这些口头禅最好少用

“坦白地说”，这是一个听起来就不坦白的用语。客户会有疑问：“你怎么可能坦白呢?”所以，遇到你的客户，不妨直接说出你想说的话，比如：“这是最低价!”“我们的产品近期销售量已经是×××!”这样，要比“坦白地说”，更坦白!

“实话对您说”，即使在现实生活中，“实话对您说”也是被人排斥的，会给人此地无银三百两的感觉。当然，如果你对客户说，那么，他的戒心一定加强，希望从中找出你的假话。

“说实在的”，这句口头上和“实话对您说”的效果是一致的。

“我的意思是”，这不是你的意思，后面的话往往是你对他的否定和排斥。当然，你的客户听到这句口头禅，很难会对你后面的话产生认同。

“您今天下订单吗?”不要这样问你的客户，这句话会让他马上警觉，而他告诉你的则会是：“这个产品不错，不过，我还要再看看。”原因很简单，他需要自己主动做出决定，而不是被动选择。

“我能为您做点什么?”这几乎是全世界的销售员最常用的口头禅了。很多客户都已经将这句话转化为“就是想让我买东西，还说得这么好听”。所以，找一些新鲜的话来代替这句口头禅吧！比如，“过来看看吗?”

总的来说，不管你是用什么语言来卖出你的产品，给客户的最好印象是——这不是一个“销售员”般的销售员。

不要用“是”或“不是”来回答客户

回答从来不是单一的。你需要认清客户背后的需求来回答，只有这样的答案才能得到他的认可。一般来说，客户询问的最初问题往往是他最为关心的，所以，你应该从此点找到突破口，全面、准确、精要地回答。这样，只要符合他的预期，那么销售就变得异常简单。

问题是销售员和客户关于产品最直接的沟通。所以，如何回答问题就成为客户购买产品的关键因素。要想很好地回答客户的问题，就要避免用“是”“否”来回答。你应该用其他问题作答，即使用“是”“否”作答，也还要进行一些补充。具体来说，你的答案应该满足这样四个要求：专、精、准、全。

专：表现专业感，并且还要通俗易懂。

精：答案应该简洁、利落。

准：针对客户的问题回答，而不是要说其他问题。

全：产品虽然有很多方面，但是针对客户的问题，你应该回答全面。

只有满足这些要求，你的客户才会拥有更多的购买意向，而想要满足这几个要求，那么，以“是”“否”简单回答，肯定是不全面的。

即使客户提出的一些问题，你可以用“是”“否”回答，但在客户的问题背后，还有客户的其他疑虑。所以，回答问题，本身就是解决疑虑、提高成交可能性的关键因素。所以，当客户问你这些可以用“是”“否”来回答的问题：

这个型号还有吗？

有黑色的吗？

周末你们能送货吗？

如果你的回答只是“有”“送”，看起来没有什么错误，但是，却大错特错。因为客户的问题并没有得到解决，所以，你可能还要面临客户更多的问题。比如，他可能喜欢别的颜色，只是不知道有没有，或者他可能意外改到了周二可以收货，但是其他时间都不允许。

所以，你应该这样回答：

这个型号还有吗？

① 有，您想买这个型号？

如果你的客户回答“是”，那么，你就可以确定购买完成交易了。如果你的客户回答：“也不一定，你们还有什么颜色？”那么，你就要将其他颜色告诉客户，展示给他看。

② 有，我们还有很多其他的型号，有中型和中长型号。

直接将答案回答全面，那么，就避免了客户之后的询问。下一步就会是成交。

有黑色的吗？

① 您想要黑色的？

② 有，我们还有很多其他的颜色，白色、黄色、绿色，也都还不错。

其实，问题本身就是客户发出的购买意愿信号。所以，当你回答客户的问题后，应该根据客户的问题将客户引向交易。具体操作是这样的：

首先，你要确认客户的购买信号；

其次，你要想好一个引向交易的问题或者回答；

再次，你的问题不应该被客户所排斥；

你们周末能送货吗？

能，您可以任意选择时间，我们除了节假日都能够送货。如果您选定了这个款型，今天还能有1%的折扣。您觉得怎么样？

你们的新品什么时候能到？

这个月30号。不过，如果提前订购的话，我们会有一些优惠。而新品到了，优惠就取消了，所以，现在订购还是比较划算的。

这个价格是多少？

200元。相对于其他产品，这款产品性价比很高，所以，从去年到现在，销售一直都很好。您可以尝试一下。

总的来说，回答从来不是单一的。你需要认清客户背后的需求来回答，只有这样的答案才能得到他的认可。一般来说，客户询问的最初问题往往是他最为关心的，所以，你应该从此点找到突破口，全面、准确、精要地回答。这样，只要符合他的预期，那么销售就变得异常简单。

建立客户购买信心的N+1种方法

如果客户信任了你就会发出购买信号。比如，“你们价格有些高，能不能再低一些？”“这个产品×××有问题。”“你们什么时候能送货？”“你们除了这个优惠还有其他赠品吗？”等。这个时候，你就可以放松一下了！

一个得了急性阑尾炎的病人，被送进医院，准备进行切除阑尾的手术。他静静在手术台上躺着，这时，主治医师走过来，对病人说了一句话。病人很是激动，从手术台走下来，要去其他医院做手术。

家属很奇怪，问医师原因，回答是："对不起，我医术一般。如果出现问题，请见谅。"家属听罢，赶紧为病人做了转院手续。

很显然，医师的谦虚让病人和家属心里惴惴不安——如果出现问题，那就是大问题。为了避免出现问题，病人和家属只得急匆匆转院了。其实，销售也是如此，即使你的产品再好，客户只要稍有怀疑，那么整个销售也就此终止了。

从本质上讲，销售就是建立客户购买信心的过程，也只有客户对产品有信心，才能迈向交易的最终环节——购买。

那么，你如何在销售过程中建立客户的购买信心呢？

① 对自己和产品充满信心

如果你对自己和产品都没有任何信心，无论你怎么努力，那么你的客户都不会购买。所以，当你和客户进行交谈时，不要表现自己的不自信和对产品的质疑。这是销售的大忌。

② 充分的准备

没有准备，你的销售介绍只能是空泛而没有任何实质内容的。甚至于你可能会被专业的客户"问住"，最终不是满口托词，就是一味地道歉。

③ 参与产品的使用

产品展示和使用是建立客户购买信心的最好方式。如果你卖衣服，那么就让客户试穿；而如果你卖车，那么就要让客户试车。当然其他产品也是如此。

④ 其他客户

其他客户的使用经历是你的客户决定购买的很大因素。尤其一些保守的客户，他们不愿意"尝鲜"，所以，不妨告诉他们有人曾经尝试过，并且"还不错"。

⑤ 大客户或他的竞争对手

如果你的产品被某些大公司所使用，那么不妨提出来，这是很有信用保证的，因为这是公司产品有竞争力和实力的表现。同样，如果为客户的竞争对手提供产品，也可以说出。当然，这些必须是真实的，否则当客户察觉后，你会因为这单生意的“成功”而付出以后失单的代价。当然，在介绍的时候，不能有吹嘘的口吻，这会让客户很厌烦。

⑥ 强调长期关系

一锤子的买卖更容易出现背叛，所以，你需要强调长期的合作关系。

⑦ 推荐人

如果你的客户是被人引荐而来，并且这个人曾经是你的客户，那么，你建立信用的可能性就大幅度提高了。当然，你也可以为他提供你曾经的客户的电话（你要确认这个电话是可以打通的，并且曾经的客户不会拒绝）。

⑧ 书面资料

书面资料是证明你的产品有可信度的雄厚背景。如果你的公司曾经在大型媒体上展示出来，不妨拿出这些资料，尤其是一些商业性杂志或者报纸。这会消除客户的疑虑。另外，不要以为你的公司很有名，记住，有些客户可能并不了解。

⑨ 售后服务

你应该告诉客户，你不会在他们买了东西后就消失不见。否则，客户会因为没有售后而怀疑产品的质量和你的信用。

⑩ 证明信

如果你有关于产品质量、竞争力、客户质量等方面的证明信，可以打印出来，以消除客户的疑虑。

⑪ 放松跟进

不要用紧迫的方式来跟进你的客户，时常打电话问候一下，看似顺便地提一下交易问题即可。当然，你的电话也不能过于频繁，这会引起他的怀疑。

⑫ 避免贪婪

不要让客户看出你的销售目的是利润，这会让他们怀疑你说话和行为的动机，进而怀疑你的产品。

以上是增加客户购买信心的方法。当你和客户进行交流后，想要知道你是否赢得了客户的信任，方法很简单——他们的回答。

借口意味着不信任。如果他的回答是这些借口，“我下周再给你答复”“我现在还不准备购买”“我需要请示上级”“过两个月我再联系你”，意味着他并没有信任你。

如果他信任了你就会发出购买信号。比如，“你们价格有些高，能不能再低一些？”“这个产品×××有问题。”“你们什么时候能送货？”“你们除了这个优惠还有其他赠品吗？”等。这个时候，你就可以放松一下了！

第 6 章

假作真时真亦假——稳中求高、险中求胜的销售法则

争取利润是销售员的职责，而遇到“特殊”客户，就需要采取特殊的策略和手段。只有这样，才能避免交易陷入僵局，从而起死回生。

给客户一个购买的身份

这种“身份定位”心理在销售中表现得也极为明显。比如，一个顾客购买某个品牌、某种奢侈品等，这些产品对他来说，就是一种身份的象征。这个产品可以表现他的年轻、时尚、高贵、成熟等，而购买这种产品本身就是他对自己身份的定义。

一个小城镇中有一个乞丐，他从小就过着讨饭生活，已经讨了四十多年。一天，一辆商务车行驶到他经常讨饭的地方，从车里走下一位精明干练的年轻人。这个年轻人走到乞丐面前，说他是一名律师，而且经过某位富翁的授权调查，发现乞丐是这位富翁的私生子。此时，他的当事人即富翁已经患了癌症并且到了晚期。富翁得知自己的私生子是个乞丐的时候，决定将1000万的财富给这个乞丐。很快，1000万的财产转移到乞丐名下，律师办完所有的手续后，问乞丐：“现在你有了这么多钱，打算以后怎么花呢？”乞丐很是高兴地说：“我决定买一个金子做的碗！”

看到这里，你一定觉得很好笑。但是，这里面却隐藏着一个非常重要的逻辑——身份决定行为。当一个人确定了自己的身份之后，就会不断地通过行为来确证自己的身份。行乞了四十多年的乞丐，即使有了1000万的财富，他给自己的身份定义仍是乞丐，所以，在得到财富的第一时间，他的愿望就是有一个金子做的碗。

不要嘲笑乞丐的无知，其实，每个人都在重复乞丐的行为——通过行为来得到自己愿望的那只“金碗”。从心理学上说，“身份”属于个人心理需求的一部分。每个人在做一件事情的时候，都在印证着“我是谁”“我应该是什么样子”的概念。比如，穿衣、居住环境、信念、价值等方面都会涉及自己的身份定义。

这种“身份定位”心理在销售中表现得也极为明显。比如，一个顾客购买某个品牌、某种奢侈品等，这些产品对他来说，就是一种身份的象征。这个产品可以表现他的年轻、时尚、高贵、成熟等，而购买这种产品本身就是他对自己身份的定义。

当然，并不是每个顾客在购买产品的时候，都会有“身份”的概念，也不是每个顾客都能看出某种产品背后所代表的定义。所以，这个时候，你就要为你的顾客准备一个购买产品的身份，那么，销售就会水到渠成。

一位男士想为自己的女朋友买一辆汽车，纪念他们的恋爱三周年。到了一家4S店后，很快，他的女朋友就看上了一辆汽车，车身颜色是粉紫色。试驾之后，他的女友很是满意。但是，当男士询问价格之后，12万5千元让他觉得价格太高，而女朋友渴望的眼神，让他不得不去杀价。

“这辆车，最低价多少？”男士问汽车导购员。

“我们这款是新品，你可以打听一下，我们卖得最便宜！要是真想买的话，可以给你九五折。”导购说道。

“还是太贵了。7折怎么样？”

“这不行。这都不够我们的进价。这款车型是大众的最新款，当然，从汽车的质量和驾驶的舒适度来说，都很不错。而且，这款车是专门为年轻女士设计的，既显女士年轻、时尚，而又不失有内涵和气质。”

“还是太贵了，七五折吧！”

“你也看到了，女士刚才试驾之后，很是满意。这款车最大的好处是发动机配置绝对是一流的，所以，它比市场上其他类似车型要贵。

另外，这款车是针对女性设计的，所以，很适宜女性来驾驶。”导购员说道。

男士看了女友一眼，的确，靓车配美女，感觉很好。

导购员说道：“其实，市场上有很多低价位的车，也不是那一万两万的问题，而关键是您想要什么感觉的。”男士没有说什么，但总是觉得有点贵。

这个时候，男士的女友说道：“算了吧！我现在不喜欢这款车了。”于是，拉着男士准备走。导购笑笑，对男士说：“您女朋友可真是好，大概觉得贵，所以不想花您的钱。呵呵，您真是有福气的。不过这辆车肯定值!”

男士听后，看了看女友，拿出卡说：“那就这台吧!”

价格往往都是一个人购买某种产品时首先考虑到的。但是，价格往往不是第一购买要素，因为价格不能确定客户购买产品的身份。所以，导购员没有针对价格和男士软磨硬泡，而是告诉男士，他的女朋友和这辆车在一起，“时尚”“有气质”“年轻”。这些就是她给予客户的一个“身份”。而当导购说出，这件事还体现出了，男士女友舍不得他花钱——于是，这辆汽车又有了另一个身份，即女友的“体贴、善良”。

于是，这个时候，价格购买和身份购买就发生了逆转。最终，通过对女友的认可，转移到对产品本身的认可。这样，购买身份确定下来，购买行为也就发生了。

那么，具体来说，男士是怎样确定自己购买“身份”的呢？现在，我们需要从一个人的理解层次入手。理解层次是 NLP（神经语言程式学）的核心内容，是一个人大脑处理问题的逻辑。可以分为六个层次：

第一层，即最低层次，指环境层次。指的是外界条件，比如，时间、地点、周围的亲密的人、做什么事情。

上面案例中，就是指男士和女朋友为了纪念恋爱三周年，为女友购买汽车。

第二层次，行为层次。指做什么，没有做什么。

上面案例中，是指男士想要为女友购买汽车。

第三层次，能力层次。指能不能做，怎么做，有什么值得选择的问题。

上面案例中，指的是男士认为价格太贵，需要杀价才能购买。否则，购买行为就不能发生。

第四层次，信念价值观层次。指最重要的是什么，相信什么，为什么要这么做，而这样做的意义是什么。

上面案例中，价值观层次就通过导购的说明表达出来了，男士认识到，女友已经被汽车映衬为“时尚”“有气质”“年轻”。而此后，女友表现出的体贴也是最重要的，而价格已经成为次要因素。

第五层次，身份层次。即我是谁，是什么样的人。

上面案例中，对男士来说，为女友购买汽车本身已经转化为，“一个爱女友的男人”的证明。是懂得“气质”“时尚”的证明，也是希望女友“年轻”的证明。

第六层次，精神层次。即为谁做，人生意义的问题。

上面案例中，对男士来说，为女友购买汽车，已经成为一个男人深层意识的需要——一个有气质、年轻、时尚的女人，而这个女人又是体贴他的。

这就是这个男士购买行为过程中处理问题的逻辑。而购买的关键就是第四个层次向第六个层次的转化。总的来说，如果你想让你的客户购买你的产品，那么，就从关键入手给他一个购买你产品的身份。

不要纠结客户所纠结的，比如价格等，否则，你的客户肯定会货比三家，看看哪家最低，即使你家的和别家一样，客户购买的可能性也要小很多。

强迫法则——面对高墙，先把帽子扔过去

如果你本身是一个比较容易退缩的人，那么，不妨先把“帽子”扔过去，这样，你更大的精力也就放在了主动完成交易，拿到自己的帽子上。可以说，强迫自己完成销售，本身就是为自己制造的销售优势策略，进而驱使自己努力向前、不断进取。

《史记·项羽本纪》讲述了巨鹿之战：

楚怀王派宋义、项羽、范增到巨鹿救援。兵至安阳，宋义竟然驻扎四十六天不动了。项羽劝说宋义，宋义不听，最后项羽杀掉宋义，派人领兵两万救援巨鹿。大军渡过章水，项羽命令全军：“皆沉船，破釜甑，烧庐舍，持三日粮，以示士卒必死，无一还心。”项羽破釜沉舟的命令，极大地激励了楚军士气，每个士兵“无不以一当十”。最终，项羽杀掉苏角，俘获王离，逼迫涉间自杀，大败秦军。

这就是项羽一战成名的“破釜沉舟”。破釜沉舟的条件是将底线定义出来，而这个底线是可控范围内的“无路可退”，自然而然地，人们就会积极面对目前的严峻状况。

一位男士移民到澳大利亚，但是，正好赶上经济危机，所以工作很难找。为了找到一份糊口的工作，这位男士不得不骑着自行车，沿着环澳公路，做一些替人放牧、割草、洗碗等的工作。某天，当他在一家餐厅打工的时候，看到客人留下的报纸上，有一家公司的招聘启事。竞争很激烈，男士穷其精力，过五关斩六将，马上就要得到年薪几万的职位了。这时候，招聘的经理问他：“你有车吗？会开吗？我们

需要经常外出，没有车就做不了了。”在澳大利亚，私家车是很普遍的。但是，男士刚移民，一直为糊口而工作，根本没钱买车。不过，他还是很坚定地说：“我有！我会！”招聘经理说：“嗯，好！你被录取了。下周一开车上班。”

男士听到很是高兴，但是时间紧迫，离下周一只有四天时间了。他赶紧打电话，从朋友那里借了几千澳元，然后，从旧车市场买了一辆二手车。第一天，朋友教他学习了简单的驾驶技术；第二天，找了一块空地练习驾驶；第三天，歪歪斜斜地到公路上开车；第四天，他开着车去上班了。当然，他也就获得了这份不错的工作。

如果你是这位男士，说出自己有车、会开车，那么，你也会像这位男士一样，用四天时间就开车去公司报到。面对一件事情，不要以为你不能完成，其实，只要你为自己阻断所有的退路，那么，就能集中精力奋勇向前了。

从人性的角度上看，逃避风险，将自己的危险降低到最小值是人的本性。所以，只要有退路，人的懒惰、消极心理就会占上风，而主动性就会被大大地削弱。在销售中，很多人做的往往都是如何避免损失，而不是如何取胜，而在一项任务中，一个销售人员也更愿意采取保守策略，而不是冒险策略。

比如，关于产品价格，很多销售员宁可报低价，保证安全，而不是报高价，获得更多的利润。因为他害怕高价会失去订单。但是，一味采取退缩战术，并不意味着客户因为低价就会购买产品，反而因为你的退缩心理，造成被动。所以，为了避免被动，在销售中，你就需要断掉退路确立一个底线。只有这样，才能避免自己和公司虽然销售产品却赔了钱。

如果你本身是一个比较容易退缩的人，那么，不妨先把“帽子”扔过去，这样，你更大的精力也就放在了主动完成交易，拿到自己的帽子上。可以说，强迫自己完成销售，本身就是为自己制造的销售优势策略，进而驱使自己努力向前、不断进取。

那么，在具体操作中，要如何进行呢？我们先看一下下面三位销售员是如何做的：

某款汽车新上市，在销售现场，有三位销售员各自为他们的客户介绍汽车：

销售员一：

“这款车多少钱？”

“这款汽车最低价是25万5千元。您可以选择一次付清，还可以分期付款。”

“25万，贵！我在××看到一款车和这款看上去差不多。但是，却低了近4万。”

“我们的车已经是最低价格了。要是您觉得价位太高，我们还有一些价位低一些的车型。这款车是新车，我的报价已经是最低的了。”

……

销售员二：

“你们这款车多少钱？”

“先生来之前应该了解过，市场上其他的同类车吧？所以，您可以估计一下价格。”

“20万元左右吧。”

“嗯，的确，其他品牌的车20万应该能买到。不过，我们这款车的价位是在30万元左右，因为它是这个月最新上市的。在发动机上和外观上，与同品牌的其他汽车相比，都做了提升，性价比相当高。有兴趣您试一试就了解了……”

销售员三：

“这款汽车售价多少？”

“我们这款车的价位是 45 万元。不过，现在正好促销期间，我们可以打 9 折。”

“这么贵？打折也比其他同类车贵 10 多万……”

很显然，销售员一的价格，是最合理的，但是，价格的底线已经很低，没有任何让步空间。可以说，这次销售不管是成功还是失败，这个销售员已经输了。因为在底线过低的空间中，只有进一步让步才能换来客户的购买兴趣。这种报价本身就是消极的，而不是强迫自己主动要求成功，相反，是缴械投降。

而销售员三的提价过高，超出了市场的整体价格，客户已经对销售员产生故意提价的印象了，自然购买意向就低很多。对销售员来说，这种强迫已经超出了整个交易的合理范畴，把交易当作运气，除非遇到对市场行情一无所知的客户，或者在最短时间内需要汽车的客户，才可能成功。

而销售员二，则是利用客户的评估，在合理范畴内提出自己的价位，既有杀价的空间，又有利润的空间。这就是销售之墙，太高，你不可能带着客户迈过去，而太低，客户则丧失迈进的兴趣。

所以，为自己的产品设立一个合理的底线，就是你必须要做的：

首先，确立合理的退路

买卖双方从来都是互为攻守的，当然，有的时候，也是坚守各自的阵地。所以，在进攻和防守的过程中，首先就要通过自己的一些限制掌控局面。比如，“如果购买量达不到 100 件货，您就不能享受八折优惠。”“您的货款必须×××内付清，否则，原来的优惠就要取消。”当然，你的限制必须是合理而可控的，否则，如果没有合理的底线，你就只能被动地被客户的底线所桎梏，比如“如果不是七折的话，我们就只能选择其他厂家的产品了。”所以，想要掌控全局，在冒险中求胜利，你事先就必须有合理的底线。

在确定底线的时候，要坚持利益最大、损失最小的原则，否则，底线也就没有了意义。当然，底线的设置不仅是产品价格，还包括其他方面，比如预付款、成交额。总之，一项交易中，只要可以用限制来完成的，你都可以设置底线。

其次，你的要求尽可能高地超出底线

如果你有了明确底线，并且客户满足底线，公司利润就可以实现，那么，你就要在满足底线前，争取更大的利润，即提高你的价格。比如，你的产品可以卖到 10 块，但是，在报价的时候，你的报价要高于这个价格。当然，报价不是随便提出的，而是要结合市场行情和竞争对手的信息来提出。

商业谈判的定律是：如果想得到 100%，那么最好提出 200%的要求；而提出 100%的要求，那得到的不过是 80%。

再次，考虑客户的接受范围

销售博弈过程中，最佳的状况莫过于双赢。所以，不管你的任务量、定价本身是多少，还要参看客户的接受范围。如果在一场交易中，只有你获得最大的利润，而客户的利润却降到最低空间，即使这笔订单完成，你也很可能丢掉一个客户。所以，为了销售可以持续下去，就要避免使得一笔订单陷入单赢的僵局。

最后，尽可能地坚持底线

确定了底线，那么就避免底线被打破。否则，底线也就没有了意义。轻易地失去底线，那么客户就会进一步压榨利润的空间。不要以为这是客户的得寸进尺，而是轻易放松底线，让客户认为他还可以争取更大的降价空间。

总的来说，销售博弈本身就是买卖双方，关于自己底线的较量。底线既是自己背后的破釜沉舟，也是自己争取更大空间的动力。如果你是一个不善于进攻的销售员，那么，设立高一些的底线，会让你能更主动地赢得成功。

给客户一点善意的“威胁”

威胁不是恐吓和要挟。否则，客户不但不会产生购买欲望，还会因为威胁而反感。比如，如果你对客户这样说：“如果没有购买我们的产品，就会出现×××问题，麻烦很多!”虽然表达的意思一致，但是，却带有“恶意”威胁和诅咒的意味，客户自然就会甩袖而走。

日本销售大师原一平准备向山本先生销售保险。他知道山本先生很关心家人，并且也有能力为家庭成员购买保险。但是，山本先生并不想购买保险，只要原一平劝说他投保，山本总是拿一些问题拒绝他。

原一平说道：“山本先生，我知道您对为家庭成员购买保险意向很明确，并且您有足够的财力来支持，最重要的是，您很关心家人的健康。大概是因为我给您介绍的保险不大符合您的要求，所以，您总是不能下决心购买，您应该签订‘29 天保险合同’。”

山本有些疑惑：“这是什么保险?”

原一平看到山本有兴趣，就介绍说：“‘29 天保险合同’，和原来我给您介绍的保险金额是一样的。而且，这个合同的功能与同类保险具备同样的功能。第一，如果您万一没有能力缴纳保险费用，或因为意外事故而去世，那么，合同约定‘免交保险费’；第二，假如真的出现上面的问题，我们保险公司还会履行‘发生灾害时增额保障’的义务。当然，这只是设想，您不要介意。”

停顿一下后，原一平说：“对您来说，这个合同最大的好处是，缴纳的保险费用只是原来的50%，也就是说，花原来一半的钱，您就可以享受原来一样的保险金额。”

山本对此很是感兴趣，但是，他很疑惑为什么这个保险价格会这么低。原一平知道这是问题的关键，他解释道：“29天保险，就是一个月内您只有29天拥有保险，比如4月是30天，您拥有29天被保护，而剩余一天则是不被保护的，您可以任意选择一天，比如某个休息日。大概您可能想到待在家里吧。但是，据统计，家庭是发生危险最多的地方。”

山本脸色凝重起来，刚刚他还为保险费用低而感到高兴。原一平接着说道：“一个月保险了29天看起来很好，但是，万一危险出现在没有被保险的那一天呢？”山本点点头，的确，对他来说，这样保险就没有任何意义了，虽然价格便宜一半。

原一平看到这里又说：“其实，山本先生，‘29天保险’只是冒昧地给您举例子，我们公司并没有这样一种保险。所以，您不必为刚才的想法烦恼。我想，您早就意识到自己需要的是一份一天24小时内都拥有安全保障的保险，不管是上班、出差还是休息。而您的家人也是如此。”

山本听到此，最终签订了原来原一平介绍的保险。

原一平用“29天保险”告诉山本，保险费用并不是保险的关键因素，而关键的问题是这份保险是不是真正具有保险的意义。“万一危险出现在没有被保险的那一天呢？”“据统计，家庭是发生危险最多的地方。”——原一平用善意威胁，告诉山本“万一”会出现，而且“万一”的可能性也很大。当然，这些“威胁”都是现实存在的。

这就是销售中的威胁策略。从客户角度说，威胁只是一种善意的提醒，这种威胁直接触动客户，让他认识到自己坚持的立场是不成立的。上例中，对山本来说，即使出现一半费用的保险产品，也是不适用的。因为这种保险根本没有起到保险的作用。

想要“威胁”到客户，那么就要结合产品和客户最为关注的点来进行解说。如果客户此时关注产品价格，那么，就要告诉他：“如果您购买了价格便宜但质量没有保证的产品，就会遇到无形的损失，比如时间、维修费和消耗精力等。”然后，告诉客户如果购买了你的产品，就会避免这些问题。可以说，威胁本身，就是自己产品可以为客户解决的问题，否则，威胁也就没有了刺激购买的效力。

值得注意的是，威胁不是恐吓和要挟。否则，客户不但不会产生购买欲望，还会因为威胁而反感。比如，如果你对客户这样说：“如果没有购买我们的产品，就会出现×××问题，麻烦很多!”虽然表达的意思一致，但是，却带有“恶意”威胁和诅咒的意味，客户自然就会甩袖而走。

为客户制造一个“假想敌”

利用客户的对手来完成交易，是销售中的常用手段。毕竟，“兵不厌诈”。很多时候，客户在购买产品时，并不一定有充足的理由，于是总是纠缠于价格或者质量上。那么，你就需要给客户一个购买的理由，而提高竞争力、谋求更大的生存空间就是一个最直接的购买理由，尤其高端科技性的产品、设备更是如此。

2005年，美国东部时间10月11日，北京时间10月12日，微软和RealNetworks宣布双方已经达成和解协议。这个协议预示着双方长达数年的法律纠纷就此终止。

市场调研公司Jupiter分析师迈克尔·加特伯格说：“这是一笔双赢的交易，微软可以全力应对21世纪的竞争对手，例如谷歌和苹果；RealNetworks除获得大笔现金之外，在数字音乐市场的竞争力也有所增强。”

是的，曾经两者的竞争和对抗，使得苹果凭借iTunes在线音乐商店和iPod数字音乐随身听，夺走了在线音乐市场最大的份额，成为全球数字音乐市场的霸主。而现在微软和Real前嫌尽释，虽然并没有直接把矛头直指苹果，但是，隐藏的意思，无疑是为了“埋葬”霸占市场的苹果电脑公司做准备。

新的科技“三国”战争又拉开了序幕。

商场没有永恒的敌人，也没有永恒的朋友。所以，即使RealNetworks和苹果计算机公司曾经是对抗微软联盟者，但当苹果占据了大量的市场份额，微软和RealNetworks又开始了重归于好。

不同的环境下，敌友状态是不同的，但是，有一点可以确定——“敌人的敌人就是朋友”。当然，这在销售环节中也同样适用。

如果你的客户已经和你到了“针尖对麦芒”的程度，那么，为了转移他的关注点，你可以为他制造一个假想敌。当第三者参加到博弈中，你和客户就不再是对手，而是成为同盟者，共同面对一个敌人。

销售员：“王总，上次我已经将产品为您详细介绍了。您对我们的产品也比较认可。所以，今天我们就可以开始正式合作了吧？如果有必要，我今天可以把合同带来，您看怎么样？”

王总：“合同先不急。虽然上次听你说感觉不错，但是，到底你们的产品能为我们公司带来多少利润，还说不好。看你催得这么急，不会有什么猫腻在里面吧?”

销售员灵机一动，马上笑着说:“王总，您误会了。我并不是催您，关键问题是，现在我们公司正在和您的对手S公司商谈合作的事。假设S公司比贵公司早引入我们的产品，那么，可想而知，贵公司就会处于市场中的被动位置。因为我一直跟您打交道，所以才会善意地提醒一下，并不是催您签合同。所谓时机不待人，错过了这个时机，被S公司抢占了市场，您恐怕要花费更多的时间和精力来弥补自己的市场损失。”

王总:“哦?这个消息可靠吗?他们也要引进你们公司的产品?打算什么时候?”

销售员:“这事肯定是真的。因为负责S公司的是我一个关系相当不错的同事，不过，目前他们还在考虑中。您也知道，近两年S公司一直发展迅猛，已经占去了贵公司一定的市场份额。如果这项产品被引进，并且正式运作的话，可想而知……”

王总:“你不用说了，我明白了。你倒提醒了我。看来我得提前一步了。你把合同带来了吗?我们先谈谈合同的具体细节!”

一周后，这位销售员成功拿下了2000万的单子。

不管是销售员还是客户，都是处于整个大的市场竞争环境的。小环境下，销售员和客户可能是针锋相对的对手，但是，在大环境下，有了第三者、第四者……那么，整个博弈的环境就改变了。而销售员和客户，也就由对手走向了同盟者。

利用客户的对手来完成交易，是销售中的常用手段。毕竟，“兵不厌诈”。很多时候，客户在购买产品时，并不一定有充足的理由，于是总是纠缠于价格或者质量上。那么，你就需要给客户一个购买的理由，而提高竞争力、谋求更大的生存空间就是一个最直接的购买理由，尤其高端科技性的产品、设备更是如此。

于是，“假想敌”就出现了。假想敌的存在，会让客户有一种竞争危机感，于是，也就减弱了对你的敌对情绪，进而一致对外，达成同盟协议。假想敌的存在，让销售产品本身具有隐性含义——“如果你仍然与我针锋相对，对我造成的损失并不大，但是，却会使你的对手坐享渔翁之利益。”

“假想敌”虽然好用，但是这却是建立在对客户行业和客户企业本身很了解的基础上。因为你提出的假想敌要具备下面两个条件：

① 要能对客户造成“危机感”；

② 这个客户还能够凭借自己的实力去对抗。

比如，可口可乐公司的竞争对手是百事可乐公司，而不是康师傅。如果你对可口可乐公司提出“康师傅”引进了×××产品，恐怕可口可乐公司会对你的建议不屑一顾。因为康师傅不会使它产生危机感。而你对康师傅提出可口可乐公司引进×××产品，康师傅也可能置之不理，因为它即使了解也没有实力去对抗。

总的来说，没有了这两个前提，你制造的假想敌就没有了任何意义可言，是不会引起客户购买行为的。而想要找到合适的假想敌，你必须对客户以及客户的行业进行了解，分析出哪些企业才是客户“针锋相对”的竞争对手——而它们就是你的“朋友”！通过它们，你就可以完成和客户的和解和同盟。

惜售——在可控范围内增加产品的心理价值

正是有了产品的心理价值的存在，才有了以“惜售”为策略的增加产品心理价值的销售策略。惜售本身有着稀少、价格高的意义，就像小和尚卖的石头，从五文到价值连城，惜售有着很重要的作用。

山间的庙里住着一位老方丈和一个小和尚。一天，老方丈到禅房拿了一块石头对小和尚说："你拿着这块石头到山下的集市去卖。但是，记住一点：无论别人出多少钱也不能卖！"

小和尚虽然想不通为什么卖石头却不让卖出，但仍是拿着石头高高兴兴地下山了。到了山下的集市，石头却无人问津，直到日落才有个妇女来买："你这个石头五文钱，能不能卖？它的样子很好，我买回去给丈夫压纸。"虽然很想卖出，但是因为方丈的话，小和尚只好说："不卖！"

第二天，小和尚接着去卖石头，不过，这次他去的是山下的米铺。米铺老板拿着石头看了一阵说："五百两，卖不卖？这块化石价格就是这样了。"

"不卖，不卖！"小和尚大惊，一块破石头竟然有人出五百两。回到寺中，小和尚高兴地对方丈说："这石头有人出五百两！"方丈点头说："嗯，你明天到山下的珠宝店去卖。记住，多少钱都不卖！"

第三天，小和尚小心翼翼地拿着石头，去了山下的珠宝店。珠宝店老板看完石头叹了口气："这是一块价值连城的玉石。虽然我没有多少钱，只有两家珠宝店、一些田产和住宅，但是，我愿拿所有的这些东西来换！"小和尚听罢，差点把石头摔在地上，连声道："不卖，不卖！"然后紧紧抱着石头匆忙上山了。回到了寺院，小和尚叫道："师父！你怎么让我拿这么贵重的东西下山！"

同样是一块石头，卖价却天壤之别。原因很简单，不同的人看到的石头价值不同。妇女眼里看到的不过是一块样子不错的石头，米店老板眼里，这是一块化石，而珠宝店老板看到的却是价值连城的璞玉！

值得注意的是，这块石头，最终可以出现珠宝店老板拿出身家资本来换的关键是——老方丈不允许卖出石头。否则，最初小和尚若以五文钱的价格把石头卖给了妇女，那么，这块石头就没有了以后的“价值连城”。

惜售，为石头的价值体现带来了机会，这就是商品惜售的意义，从心理上，不断地增加商品本身的价值。当然，在现实交易中，对于同一款产品，不会出现如此天壤之别的价格区别，因为在购买产品之前，很多人对产品的信息已经做了收集，比如一辆汽车的价格永远会高于一盒火柴的价格。但是，在一定范围内，同一类型的价格却是有很大浮动的——而这就是心理价值形成的区别。

比如，一个男士愿意花 5000 元买一件 BOSS 的西装，也不愿意花 1000 元钱买其他小品牌的西装。即使这些小品牌的西装在面料、花色、制作工艺等方面和这件 BOSS 西装是一样的。对男士来说，BOSS 的衣服可以满足他的心理需求，比如，他想让人知道，自己拥有一份不错的工作，生活富足，社会地位比较高，可以说除了西装本身的使用价值 1000 元钱外，他花了 4000 元买来了心理价值。

正是有了产品的心理价值的存在，才有了以“惜售”为策略的增加产品心理价值的销售策略。惜售本身有着稀少、价格高的意义，就像小和尚卖的石头，从五文到价值连城，惜售有着很重要的作用。

很多房产开发商建造好楼盘，却“捂盘”不卖，也是通过“惜售”，无形中增加了房子的心理价值。对想买房的人来说，购买的不只是一套房子，更多的是房子带来的生活安全感。而房子的捂盘，造成了房子看似稀缺的假象，结果，人们“生活安全感”越来越低，房子代表的心理价值自然就大大提高了，而当再次出售房子的时候，价格一路攀升，让人望而生畏。

不得不说，这种惜售，会为开发商赢得高额的利润，不过，这却是恶性的惜售。所以，如果你想把你的产品卖出高价、获得较高的利润，在采取惜售的价格策略的同时，就要考虑，在可控范围内增加产品的心理价值。

具体来说，要注意下面四个方面：

① 你需要占据优势

如果你的产品在目前市场上本身就处于“买方市场”，那么，惜售也就没有意义。你需要确认你的产品在目前市场上，是处于买卖均衡和卖方市场。

② 坚持

不要看到产品能够获得利润就将产品卖出，而没有坚持，那么，你的获利空间是有限的。所以，在可控的空间内，坚持自己的选择，利润就会大幅提升。对一个想要购买产品的客户来说，价格只是购买产品的一个因素，坚持惜售会让你用最少的时间和精力赢得更多的利润。

③ 避免过度惜售带来产品不能销售

小和尚的石头之所以能让珠宝商人以“全部身家”换取，根本原因，不在于惜售，而在于石头本身的价值。否则，如果只是一块普通的石头，无论小和尚坚持多少年不卖，也不会价值连城。而对于普通产品的销售，如果惜售让产品价格远远高于市场本身价值，那么，不但不会换来高额的利润，恐怕还会造成产品积压，最终导致亏本甩卖。

④ 避免过度惜售赶走老客户

惜售本身就是增加自己利润，而挤压客户利润的行为。如果客户不得已购买了产品，那么，在下次交易的时候，他就很可能会重新选择合作伙伴。这样，你就得不偿失了。

总的来说，惜售可以增加产品的利润，但是，惜售需要保持产品本身的价值和心理价值不能失控。否则，惜售非但不能带来利润，还会让你的销售走向末路。

噱头，不要脱离本质

追求噱头而轻产品，本身就是舍本求末的方式。每个客户在最初购买产品的时候，产品本身的用途——物质效用是最根本的，而产品赋予的意义——心理效应则是“锦上添花”。可以说，商品本身的效用决定着它是否值得客户购买，否则，没有本身效用的产品，再多的心理效应“锦上添花”也只能是画蛇添足。

几年前，国产手机因为生产过剩，整体行业发展出现了停顿状态。某手机品牌制造商为了打开销售局面，营销一款价格近万元的钻石手机。很快，经过大量的广告宣传和概念炒作，销售瓶颈被打开，销售额大幅提高，而营销策划者被人冠以“手机狂人”的称号。

但是，销售几个月后，因为媒体披露，手机上的钻石其实是造价仅为 2 块钱的晶体，而手机本身又出现了质量问题，如通话不清晰、菜单反应迟钝，甚至总是死机。很快，因为负面影响，钻石手机的销售价格大幅下跌，从 8999 元降价到 6328 元，而后，又从 6328 元降价到 2938 元，最后竟然降价到 1500 多元。因为手机本身质量问题，造成“钻石手机”连普通手机的销售状况都不如，甚至很多人认为钻石手机是“暴发户”的象征——虽然看起来金光闪闪，但是内在却一团糟。很快，钻石手机陷入了销售困境，产品大量积压下来。

手机本身的功能就是与他人联系，失去了联系的功能，那么，附加再多的功能和概念也是无意义的。钻石手机只不过是华丽的噱头，而它的背后却是廉价、粗糙的制造。结果，当质量问题和假钻石问题被披露出来，不可避免的就是销售的失败。博弈销售，买卖双方都不是傻子。所以，噱头可以成为“消费理念”一时流行，但终究会因为问题的暴露而逆转。

追求噱头而轻产品，本身就是舍本求末的方式。每个客户在最初购买产品的时候，产品本身的用途——物质效用是最根本的，而产品赋予的意义——心理效应则是“锦上添花”。可以说，商品本身的效用决定着它是否值得客户购买，否则，没有本身效用的产品，再多的心理效应“锦上添花”也只能是画蛇添足。

当产品的物质效用得不到客户的满意，那么，曾经的心理效用，就会大幅降低——甚至降为负值，削弱产品本身的物质效用。就像上面的钻石手机，物质效用大打折扣，心理效用出现了——“暴发户”的象征。此时，前期做的一系列宣传和策划，无一例外都成了“反面”的宣传。钻石手机的坏名声还不如没有名声好，因为这款手机如果没有“暴发户”的负面心理价值，即使销售量不佳也能有所销售，而不是失去了整个市场。

所以，作为一个销售员，在产品的销售中，有很多的方式去劝慰顾客去购买，但是，任何方式的劝说，都不能脱离产品本身的使用价值和客户购买的本质。可以说，用噱头说话，永远不如用实效说话。

那么，在销售中，如何避免过度用“噱头”呢？

首先，认清产品的本质

在销售定位上，每个产品有它适合的人群。因为产品的价格、质量、品质的不同，产品对应的人群也就不同。所以，你必须了解产品本身的价值构成，它对什么样的人更具实效性。也只有这样，你才能找到需要这款产品的客户，而不只是为了卖产品而卖产品，使用各种让人云里雾里的“好处”来让客户买到并不需要的东西。那么从此以后，这个客户恐怕不会再购买你的产品了。

其次，认清你的客户需要的到底是什么

你应该知道客户对一款产品的心理需求有多大，他对一款产品的心理预期价值是多少。而相对产品本身的实际效用，在客户那里有多大的心理预期。如果客户可以花上 500 元购买产品的物质价值，而只花上 200 元购买产品的心理价值，那么，这款产品对客户来说，就是 700 元钱，他会很满意这款产品。但是，如果你卖给了客户一款 200 元物质价值，而心理价值却要有 500 元的产品，那么，你的客户即使因为你的“噱头”购买了，他对购买的产品不满意，就意味着你从此失去了这位客户。所以，你可以为客户提供你的建议，但是，不要刻意改变他最根本的选择。

记住，只有平衡产品的物质价值和心理价值，你才能在销售中，既能够为客户选择满意的产品，也为自己带来丰厚的利益。

再次，避免用“停产”的噱头，让产品形成心理负值

很多人喜欢用“这款产品马上就要停止生产了，这是最后的购买机会”来说服消费者购买产品。停产对消费者来说，意味着——产品变少，甚至可能失去购买机会，所以，为了争取最后的机会，只好购买。

“停产”对销售员来说，看起来是最务实而最好的噱头，但是，很多客户买到产品后，却发现了更适合自己的产品。即使原来的产品看上去不错，但是，因为有“被逼而买”的前提，就会对新产品会很气愤。结果，客户就流失了。

总的来说，销售噱头可以使用，但是不要偏离产品本质。否则，任何形式的噱头都只是自毁长城的销售策略。

第7章

引爆临界点——让客户内心的购买冲动一触即发

马克思有个著名论断，从资本到货币，是惊人的一跃！无论前期企业投入多大的资本、生产成本和服务，后期到底能不能收回投资、赢得利润，关键就是——销售。

可以说，销售是整个产业环节中成败的临界点！而销售成败的临界点则是——购买行为。那么，如何引爆你客户的购买冲动？

捕捉成交的敏感点

大侦探福尔摩斯曾经说过："在获得数据之前进行推理将大错特错。"所以，如果你没有找到热键，那就不要进入下一个"按键"阶段。否则，即使"按键"，也不会引爆销售。

虽然每粒沙子，都可能引起整个沙堆发生质变，但是，事实上只有一粒是引起质变的沙子。同样，每根稻草都可能压死骆驼，但是，压死骆驼的稻草也只有一根。当你准备好所有的细节，成功向客户展开销售攻势，你还须找到销售成功和失败临界点最关键的位置，那里，才拥有整个销售成功的热键。

想要做成交易，那么，你必须触动这个热键！问题是，如何找到热键呢？

首先，询问，从问题中找到组织关系的临界点——正确的位置

你需要从各种问题中确认你的客户买产品的原因。包括：

什么是他目前最关注的；他从事的行业是什么；他的孩子就读的学校，学什么专业；他父母健康状况；他的公司发展史；他曾经取得的最骄傲的成绩。

他目前最关注的是什么，他对未来的计划哪方面是最重要的，他准备什么时候实现自己的计划。

他的业余爱好是什么，如果没有目前的工作他最想做的是什么。

他的朋友的状况，他们经常在一起喜欢做什么事情。

其次，观察，在仔细观察中找到他的要害

你可以从身体语言、行为、态度、环境等几个方面来观察他。

从身体语言和行为中，可以看出他购买时的内心状况。

从他的态度中可以看出他的购买意愿，是急需还是看看而已。

从环境上，如他的办公室可以找到他最在意的东西。这些东西一般都是放在显眼的位置，不同的东西则代表不同的意义。如家人照意味着他更注重亲情，奖杯放在明显的地方则表示他更注重名誉，而其他的摆设可以看出他喜好什么，或者是他与众不同的工作和生活风格。

当然，你的观察一定要仔细，只有这样才能看到最关键的东西。比如，同样是喝茶，你的客户是喜欢红茶还是绿茶，还是只喝白开水？他喝茶的速度是快是慢？

值得注意的是，千万不要因为刻意观察，而让客户排斥你。目光要敏锐、迅速，但不能像监视一样，这会让客户产生不舒服的感觉。

再次，倾听，热键往往出现在客户的话语中

不管是询问还是观察，最终的目的都是为了找到热键。不过，询问和观察都只是辅助寻找方式，而最直接的寻找方式莫过于倾听。在这里有客户最及时、最重要的信息，而他们就是热键。

① 听明白客户说的话。一句话在不同的环境中就具有不同的意思。而客户最关注的东西，往往并不愿意说出，这是他的底牌。所以，你必须从客户表面的话语中，找到客户潜在所指的事情，避免急功近利地去问客户到底需要什么。

② 先说的问题并不一定是热键。一般来说，客户都会先把重要的问题讲出来，比如产品的性能、价位等，但是，这并不一定是热键。因为这是每个客户购买产品之前必须要了解的。所以，当你的客户说

出某个问题，不要打断他，将他的问题引向你的思考，而是要让他继续说下去。记住，销售“冰山”露出的往往只是一角，你需要找到下面的主体。

③ 客户的语气是什么。你可以从他的语气中找到他对产品的迫切需求性。但是，不要以为他迫切需求，就一定会购买。此外，他的手势和声音还可以反映他对产品的热情程度，当然，也不是说一个热情的顾客就会购买产品，可能他只是对产品很感兴趣，或者崇拜。

④ 果断而不假思索回答的客户，传达的信息往往是真实可靠的。不要以为客户深思熟虑后回答的信息才是真实的，这些回答往往代表着客户已经整合过的信息，而这些信息却没有传达出来，而这才是销售的热键。

⑤ 听重复的内容。人们总愿意重复对自己最重要的问题，销售过程中也是如此。一个总是重复价格的客户，往往更在意价格。而一个总是着重讲款型的客户，更在意产品的款型。这些都是处于他购买的优先位置，更接近于热键。

⑥ 听客户讲的解释或故事。对销售者来说，客户说的话从来不是无意义的，即使他的解释是冗长的，而故事也是毫无新意的。但其中，可能有一两句话是最关键的。

乔·吉拉德曾经把一辆雪佛兰卖给一位想买通用汽车的女士。因为他听说这位女士马上就要过50岁生日了，所以，想买一辆车为自己庆生。当乔·吉拉德把助手买来的鲜花送给她时，这位女士最终决定购买一辆白色的雪佛兰。

销售的热键只是存在女士的关于自己生日的叨唠中。只是，乔·吉拉德听到了，并按下去了。

当你做了上面三件事，很可能就找到了热键，当然，你也可能没有找到热键。那么，你就需要判断你的热键是不是真实的。比如，通过你的记录找出要点，从要点中，筛选其中最重要的。另外，你还可以通过问题以及客户回答问题的反应，判断热键是不是正确的。你还可以通过产品演示，了解客户最关注的地方，那么，这就是客户的热键。

当你已经找到了热键，那么现在，你就应该按下去，让它引爆整个销售环节。那么，如何引爆销售环节呢?

① 把问题引入热点区域。一个注重产品款型的客户，你就可以将他引入产品款型的热点地区，为他解释你的产品款型的优势。当然，如果他没有看中你的产品的款型，那你需要为他找到他最想要的款型。只要基本需求没有变，那么，交易行为就可以马上引爆了。

② 将热键赋予产品，直接询问客户是不是愿意购买产品。比如，采用“这款产品的×××性能对您来说非常适合，您是否感兴趣?”或者“您现在购买吗?”的方式。

注意事项

大侦探福尔摩斯曾经说过：“在获得数据之前进行推理将大错特错。”所以，如果你没有找到热键，那就不要进入下一个“按键”阶段。否则，即使“按键”，也不会引爆销售。

捕捉潜在客户准备购买的早期信号

无论客户提出怎样的问题，妥善地解答问题是你的第一要务。客户愿意通过提问了解更多产品信息，这种行为本身就带有积极的暗示。合理地引导客户提问，春风化雨般打消客户的顾虑，自然就更靠近你想要的订单。

你已经为客户介绍了一切关于产品的信息，你已经和客户建立起友好和睦的关系，但是你依然焦灼不安，因为你没办法知道，到底什么时候，客户才做好了购买的打算。

你迫切地想知道，你付出的全部努力是否得到客户的认可，是否足够换取一份成功。等待的时间是最漫长艰难的。无止境的等待可以说得上是一种折磨。

如果你感觉已经获得了客户的信任，那么在展示产品的时候，注意留心客户的行为。动作和提问是客户向你发出的购买信号，对这些信号接收良好，将帮助你掌握客户的购买动向和心理，从而获得成功的订单。

有关价格的提问

这款产品现在是什么价格？如果我打算购买，是否有一定的优惠？你们公司在什么时候会推出降价活动？我能够用分期付款的方式支付吗？

留意这些问句，当客户开始询问价格的时候，表明他们已经对产品产生兴趣，试图占有产品，并开始衡量自己的经济承受能力。问题之后的潜台词很容易理解，只要产品的价格不超过客户的心理底线，他就打算购买这个产品，交易基本就成功了。

千万不要对价格问题敷衍搪塞，涉及钱的问题都是敏感问题。如果客户表示不能承受产品价格，不要对客户穷追猛打，向客户介绍一些价格稍低、性能相似的产品，与客户一起协商解决价格难题，客户会非常感激你的建议。

关于产品的质量

这款产品是什么时候推出的？它的性能得到大多数人的认可吗？它的返修率高吗？它的材料是什么？它的成分有哪些？我可以试用这款产

品多长时间？它的配件是原厂出产的吗？我能看看其他的样品吗？

不要觉得客户对产品质量的提问过于挑剔。有句话是这么说的："嫌货才是买货人。"只有真心想要购买产品的人，才会在意产品的细节，哪怕只是一个小小的划痕。当客户仔细观察产品的部件、组成的时候，你需要小心应对客户的挑剔，不隐瞒产品可能具备的不足，也要说明产品本身在质量上的优势。客户并不讨厌认真诚恳地维护自己产品的推销员。

对售后服务的提问

这款产品还有货吗？能否送货到家？最近是否有新的款型上市？你们提供多久的质量保证期？我以前购买的产品，售后服务非常糟糕，简直没法从他们那里得到急需的帮助。你们公司的售后服务部态度怎么样？我能从售后服务部得到免费的服务吗？

从这些提问里，你可以看出客户的顾虑。即使最高档的产品也难免会出现种种故障，能否快速有效地解决这些故障，对客户来说尤为重要。谁也不希望花钱购买的产品没有质量保证，除非是一次性的消耗品。如果确定产品会长期使用，那么售后服务对客户来说就是非有不可的保证。

关于绿色环保的提问

这款产品是环保材质吗？它在使用的过程中会不会散发出对人体和环境有害的物质？产品废弃之后，能够回收再利用吗？它是否拥有节能设置？

不要认为只有学生才懂得关爱环境，随着绿色、环保与节能减排观念的深入人心，越来越多的客户开始关注产品的绿色环保度。这似乎已经成为高新产品的潮流。绿色环保的产品必然是高新科技，在质量上有着别的产品无法企及的竞争力。

对关爱环境的环保型客户和对重视家人及自身健康的养生型客户来说，环保型产品永远是他们的第一选择。因此，提出环保相关问题，就是他们准备购买的信号。

总之，无论客户提出怎样的问题，妥善地解答问题是你的第一要务。客户愿意通过提问了解更多产品信息，这种行为本身就带有积极的暗示。合理地引导客户提问，春风化雨般打消客户的顾虑，自然就更靠近你想要的订单。

当然，你要记住这点：永远不能使用的答案——“是”和“不是”，这会让客户本来的购买信号消失。

辨别客户的假意和真心

记住，客户现在不购买产品，并不意味着他以后不购买，你需要做的只是打开客户的购买心结。如果在价格、质量等方面，你都不足以和竞争对手匹敌，那么，你就需要和你的客户建立友谊，让它成为打开销售的途径。

从人性角度上看，每个人都讨厌被说服，但是却喜欢说服别人。作为博弈的双方，销售员和客户本身就是“说服”与“被说服”的关系。所以，对客户来说，除非急迫购买某种产品，否则，他的第一反应就是拒绝，这是习惯使然。当然，拒绝并不意味着对产品的拒绝，而是拒绝“被销售”。

所以，你需要从客户那里，了解客户的本意是购买产品、习惯性的拒绝，还是真实对产品本身的拒绝——他对产品没有任何需求和兴趣。一般来说，真正的拒绝往往是肯定直接的，而虚假的拒绝，则是闪烁其词、找借口的。不过也有一些客户，为了避免使销售员尴尬，或者不愿说出真相，会表现出“欲拒还迎”的现象。相反，一些客户为了占据谈判主动权，会直接拒绝。

可以说，区分客户真心拒绝和假意拒绝，是整个销售中尤为关键的因素，否则，即使用尽了力气，如果找错了客户，最终也只能是竹篮打水一场空。

那么，如何区分客户的真心拒绝和假意拒绝呢？

真心拒绝

一般来说，经过你的考察寻找到的客户，往往都不会是真正的拒绝。因为没有任何购买意向的人，也不会成为你说服的对象。但是，值得注意的是，也有真正拒绝的客户存在。即使，看起来他们可以购买你的产品。

真心拒绝的人，有以下几种类型：

崇拜产品的人

一个崇拜产品的“客户”往往不会购买产品。就像很多女孩子看到昂贵的奢侈品，会出现崇拜的眼神，但是因为现状她们往往不会购买。所以，如果你的客户对你产品产生过度的惊叹，那么就要考虑他是不是崇拜你的产品。这样的人往往会很兴奋地表扬你的产品，比如：“这个产品还具有这样的功能！真是神奇！”

找到更优惠的价格渠道

如果他说，别家有比你更优惠的价格，那么他可能在欺骗你，希望你降低价格，还有一种可能就是他真的找到了比你报价更低的渠道。

此时，如果你觉得自己的报价确实有些高，那么，就要降价了。否则，他就会成为别人的客户。当然，如果你的价位已经到了你的底线，那就只好让客户去别家了。

没钱，或者有钱但是已经购买了别家的产品

说“我没钱”的人，往往很难去购买产品了，除非你免费送给他。当然，如果他有钱，但是已经购买了相关的产品，那么你磨破嘴皮也是不行的。不过，你可以为他介绍你的产品优势，如果他发现与你合作更有利，那么他下次的合作者就是你。别忘了，此时要递出你的名片。

有钱，但是不想购买

当然，有的客户既没有购买产品，也有钱，但是就是不想购买。比如，认为洗衣机是浪费水电还洗不干净衣服的人，宁愿手洗，也不会买一台洗衣机空放在家里。

他不是唯一的决策者

如果你找的人不是唯一的决策者，那么，说服他购买是没有意义的。你需要从他身上，找到最终拍板决定的人。

想去看看别家

当你介绍完你的产品，他提出去看看别家，很可能他已经拒绝了你，只是没有直接表明而已。

另外，如果他有朋友、熟人与你同一行业，或对你的人和你所在的公司存在质疑，往往意味着，他是真心拒绝的。

假意拒绝

假意拒绝往往都是无伤大雅的谎言，假意拒绝是真正客户和你博弈的方法，最终的目的不过是购买到物美价廉的产品。一般来说，他们也暗示着你销售的突破点，即是你需要解决的问题。

我们的预算没有包括这些，或者我们的预算已经花光了。

我需要考虑一下，或者我要和我的合伙人（妻子、经纪人、律师）讨论一下。

关于这个问题，我要多多考虑一下。

过两个月再联系，我现在还没有准备好。

现在的市场不景气。

这个部分我会找人和你商谈的。

价格太高了。

只要客户不是真的拒绝，那么你就有机会成功销售。你需要从客户的潜台词中找到他不能达成交易的最关键因素。一般来说，客户拒绝，往往存在下面两个因素：

首先，本身对产品还有疑虑和否定，而这些可能你没有为他介绍全面。所以，你必须保证产品的介绍不能成为销售本身的障碍，而这就需要你为他传达对他来说有效的信息。不要说了半天，他想知道的你却没有说。

其次，他可能意识到你不是最终能解决问题的人，和你谈判也是没有意义的。比如，关于某产品的最低价格，不是你说了算。所以，他需要你给他进一步的确认——你可以做这个决定。

具体来说，有以下几个步骤可以帮助你克服客户的假意拒绝：

① 倾听客户的拒绝到底是什么

你可以采用这样的方式来确认客户的拒绝意图："您真正的意思是……""刚才您这样说，我想您可能还有其他的意思，比如……""很多人都这样说，不过，他们更在意的是产品的质量/价格，您的情况是什么呢?"。

② 你的客户，是不是还有其他拒绝的原因

客户对于一款产品或某项服务的不认可，会有很多方面的原因，你需要找到所有方面一一排查，而客户最关心的问题则是排查的重点。

③ 解决客户的问题

当你认识到客户购买的障碍，那么，就要及时解决。不要认识到问题，却不理不睬，这会让你的客户很窝火。当然，如果你解决了问题，就可以进入成交环节了。当然，你可以提前引入成交问题，比如：

“在折扣方面，我可以为您申请一下，可能最大就是 3 个折扣点，您看能不能接受？”

“您的要求，我们会尽力满足的，但是，我需要和×××确认一下，才能最终确定下来。”

说服客户购买不是轻而易举的，你需要拥有足够的耐心。记住，客户现在不购买产品，并不意味着他以后不购买。你需要做的只是打开客户的购买心结，如果在价格、质量等方面，你都不能和竞争对手匹敌，那么，你就需要和你的客户建立友谊，让这种方式成为打开销售的钥匙。

反复刺激客户的购买需求点

客户显然希望从销售人员口中听到更多关于产品的信息，前提是，这些信息能满足他们更多的潜藏需求。倾听客户内心深处的声音，关注客户的言谈举止，把握客户的兴趣喜好，你就能发现客户最主要的购买需求。

根据一项调查显示，超过 90％的营销高手都认为，销售过程中最困难的工作不是向客户推销产品，而是搞清楚客户的真正需求。

每个客户对产品都有自己独特的考虑，对选择何种产品有不同的衡量标准。我们把这种特殊的衡量标准称为购买需求。行为心理学家的研究表明，人的行为动机主要来源于解决问题和获取快乐两个方面。所以，我们在推销产品的时候，应该时时想到，我们的产品能为客户解决什么样的难题？又能为客户带来何种欢乐？

一对夫妻准备购买一栋房子。妻子喜爱游泳，经过他们的筛选，有三套带有泳池的房子成为他们考虑的对象。但是只有第三套房子最终得到他们的认可。而事实上，在地段和价格上第三套房子并不比前两套占优势。为什么夫妻俩最终选中第三套房子呢？

夫妻俩在看前两套房子的时候，售楼小姐热情地接待了他们，向他们展示了房间的布局、采光、通风、朝向和窗外的景观。第一套房子的售楼小姐重点向夫妻俩介绍房子的地理位置，离商业中心近，方便购物等优势。第二套房子的售楼小姐则热情地向他们展示窗外恬静优美的风景。两位售楼小姐都没有注意到妻子的目光多次投向泳池。

这是一次非常遗憾的销售过程。尽管售楼小姐给予客户热情周到的服务，但是她们显然没有抓住夫妻俩购买房子最主要的需求。游泳池是客户购买需求的关键点，没有提到这一点，怎么能激发客户的购买欲呢？

客户显然希望从销售人员口中听到更多关于产品的信息，前提是，这些信息能满足他们更多的潜藏需求。倾听客户内心深处的声音，关注客户的言谈举止，把握客户的兴趣喜好，你就能发现客户最主要的购买需求。

第三套房子的售楼小姐同样热情地招待两位。简单的交流之后，妻子首先提出去看看游泳池。售楼小姐旁敲侧击，发现夫妻俩看过的房子都有一个共同特征，那就是带游泳池。稍作试探之后，妻子说出："就想要个带泳池的房子，其他没有什么明确的要求。"

随后，丈夫挑剔主卧室太小，售楼小姐就提醒妻子："迈出阳台就能看到外面漂亮的泳池，阳光明媚的时候，泳池的水波会映在卧室的屋顶。"丈夫觉得厨房太潮湿，售楼小姐就告诉妻子："当您晨泳之后，就能悠闲地坐在料理台边享受美味的早餐了。"丈夫觉得屋外花园太小，售楼小姐就说："因为泳池修得很大，大人和孩子都能尽情享受游泳的快乐。"

最后，尽管丈夫对房子并不十分满意，但妻子眉开眼笑地接过购房合同。

游泳池能满足妻子获取快乐的需要，是夫妻购房最主要的购买需求。第三位售楼小姐在交谈中观察并发现这一点。她巧妙地对客户急欲获得游泳池的心理善加利用，在看房过程中反复提及泳池的存在，避开丈夫的挑剔，不断向妻子发出这样的暗示：假如他们拥有这套房子，那么游泳池将在未来生活的每一天给予他们莫大的愉悦感和满足感。妻子收到售楼小姐的暗示，开始幻想获得房子之后的生活，从而在内心认可了这套房子。第三位售楼小姐最后得到这次成功的交易绝不是偶然，我们可以发现，反复刺激客户的购买需求点，激发客户的购买欲，正是她推销成功的秘诀所在。

这个故事告诉我们，首先，你需要像记者一样准备好采访提纲，一针见血地提出问题；像侦探一样观察客户的言行，不放过蛛丝马迹；像心理专家一样洞察客户心理，找出客户隐藏的利益需求。重视客户，关注客户，找出客户的购买需求点，切实为客户解决问题，让客户从产品中获得快乐和满足。

其次，你需要认可客户的需求，反复刺激客户的购买需求点，为他细心描绘获得产品后的美好图景，引起他的共鸣，强化客户的购买欲。

最后，客户获得他最想要的产品，而你获得了一次成功的交易。

一根稻草压死牛，小差异引发大不同

稻草不断地落在骆驼身上，直到骆驼体能的临界点。这时，新落下的稻草就成为“压死骆驼的稻草”，哪怕仅有一根，但它使得骆驼的身体临界点被打破，自我组织因为临界点被打破，促使整个骆驼走向死亡！

1987 年，丹麦出生的美国物理学家普·巴克和他的合作者唐超、科特·威森费尔德做了一个这样的实验：

他们让涓涓细沙均匀地从手上流泻到桌子上，渐渐地沙堆慢慢变大增高。接着，借助慢速录影和电脑模拟，他们将沙堆顶部的每一粒沙子的降落和移动情况都记录下来，甚至连一粒沙子能带动多少粒沙子也计算出来。当沙子从上向下一粒粒落下时，最初落下的沙子并没有对沙堆产生影响，但是，当沙堆增加到一定的高度，一粒沙子的落下，竟然使得整个沙堆发生坍塌！大量的沙子从顶端流泻而下，甚至从桌子上滚落到地上。

据此，普·巴克和他的合作者提出了“自我组织临界”理论。当沙堆达到某个高度的临界，这个时候，沙堆所有的沙子都处于一个整体之中，即它们形成了自我组织，这个时候，整个沙堆是稳定的，无需干涉。但是，当新沙降落，对整个临界状态的锥形沙堆就造成了破坏，虽然看似无危险，但是却致命。因为看似整体的沙堆却是“脆弱”地联系着。于是，就出现了一小粒沙带来整个沙堆塌落的现象。

阿拉伯谚语说，稻草不断地落在骆驼身上，直到骆驼体能的临界点。这时，新落下的稻草就成为“压死骆驼的稻草”，哪怕仅有一根，但它使得骆驼的身体临界点被打破，自我组织因为临界点被打破，促使整个骆驼走向死亡！

这就是细节力，小差异引起大不同。销售更是如此，一点小的震动，就可能影响整个销售引擎，也可能一个小震动，会导致整个销售环节的坍塌。双赢谈判专家吉姆·亨尼博士说：“小差异常常引起大不同”，“把能做好的小事做好就是谈判成败的分水岭。”有人说，成功和失败只有一步之遥，但是，一步之遥却是细节力不断地积累的结果。直到整个成败的临界点被打破，发生整个销售的逆转——或成功，或失败。

那么，你如何积累销售成功的细节要素？

从现在起，想办法记住客户所说的话

不论你的客户说什么事情，不管是他的父母、爱人、孩子、朋友甚至他的宠物，只要是他说了的事情，即使事情很小，你也应该记住。只要你记得，当你将这件事说出来或者帮他办好，你和客户的距离就近了。那么，当遇到销售的问题，他第一个想起来的人就是你。

随身携带记事本和便条

不要崇拜自己的记忆力，它经常发生混乱，所以，你必须随身携带记事本和便条。你需要随时记下自己答应客户要做的事情、下次拜访的时间。笔记会让你的客户意识到，你是尊重他的，他也就乐于说出自己的需求和意见。那么，你下面的销售工作就会很容易进行了。

同时，记事本还很方便记录你的工作总结和体会。

保持相同的谈话方式

你可以思路敏捷口若悬河，但是，不要说话不分对象，一味地快速介绍，有如机关枪一般。因为有的客户是跟不上你的思路的，快速介绍只会让他产生反感。如果你遇到本身理解能力强的客户，可以节奏快一些。

多说“我们”少说“我”

“我们”会给你的客户你是站在他的角度上分析问题的感觉，而我则有疏远的感觉。

销售中还有很多其他的细节，每个细节的产生都是为了积累到销售临界点的打破，完成购买行为。所以，在临界点没有打破之前，就要不断完善自己的细节，直到销售最后一颗沙粒落下，所有的努力都成为有效劳动，否则，没有了最后一个细节，曾经的努力就像没有下载完的文件，总是与失败接轨。

宠物狗策略——瓦解潜在客户的抗拒心理

如果你对客户说：“我们现在就可以签单了。”那么，你的客户肯定会说：“我还要再考虑一下。”而如果你这样说：“您看，除了刚才的问题，您还有什么疑问吗?”“嗯，没有了，就它吧!”

如果一个陌生人对你说：“×××很不错!”你的头脑第一个反应：“对吗？是真的吗?”然后，整理自己的认知，去分析他说的东西是不是很好。为什么你的第一反应是反驳？很简单，你已经看过了五花八门的欺诈手段，对社会环境安全感的信任已经降到了最低值，所以，才会对被迫接收的信息带有反射性的质疑。

当然，这个社会的大多数人也和你一样，面对陌生信息的第一反应，也是直觉性的否定。也正是因为如此，人们对权威和品牌才崇拜到无以复加的程度。

不幸的是，作为销售员的你，权威性相对较低，而如果你销售的产品品牌，没有得到公众的认可，那么，你与客户博弈的关注点不是介绍给你的客户产品，而是瓦解掉客户的抗拒心理。只有在心理上取得博弈的成功，才能在行为上取得最终的成功。

场景一：

这是陈华第五次拜访他的目标客户祝宏。他觉得自己的产品比较适合祝宏，能够为他解决实际的问题。但是，祝宏却一再排斥。不过，陈华还是有信心说服祝宏成为产品的使用者，甚至还可能喜欢上自己的产品，成为忠诚的客户。

他刚到祝宏的办公室，恰好祝宏出来，看到是陈华，祝宏很是不耐烦："怎么又来了？我说了我不需要你的东西。送上门的东西，怎么可能是好东西！你不要来烦我了！"陈华新建立的信心，马上就消失得无影无踪。

上面这种现象很常见，如果不是客户主动购买产品，那么，对于被动的销售，往往既不愿意去听，也不愿意相信。所以，此时解释自己曾经的行为和产品是无效的，因为解释就等于掩饰。你需要采取破除疑虑的手段来攻破客户的心理防线。

场景二：

同样是上面的场景，陈华拜见客户祝宏。恰好遇到了祝宏从办公室出来。

陈华笑了一下，说："打扰您了，祝先生！"伸手不打笑脸人，祝宏只好把自己的怨气压下："我只有五分钟时间，有什么就快说吧！"

"真是感谢您。"陈华说，"您原来接触过同类型的产品吗？"

"当然，你都说了 4 次了。"祝宏嘲弄地说。

"嗯，我想我们第一次见面是在一个商务酒会。在朋友介绍下认识的，并且您留了名片。当时，您给我留下的印象很深，祝先生是个能干而爽快的人。我觉得认识您很荣幸。"

祝宏看了看陈华，搞不懂他怎么来了这么一句。

"我很喜欢和直爽的人合作，所以拜访了你。前几次，我们也是无话不谈，很开心。在产品上，您也说了您的看法和问题。不知道我的回答是否让您满意？"

"这倒不是，我比较排斥主动推销的产品，质量一般都不是很好，而且售后很麻烦……"

一般来说，抵制客户的抗拒心理有以下几个策略：

首先，摆出证据——客户信任的首要条件

海尔公司负责人张瑞敏曾经砸掉 76 台"劣质"洗衣机，轰动一时，这就是质量的证据。你的客户不喜欢听"我们的产品很少出现质量问题""很多人都购买我们牌子的产品"之类的话，他们喜欢例证。

一位卖杯子的导购员对客户说："我们的杯子是钢化杯，不仅耐热，还耐摔。"说着他把杯子摔到了地上，果真没碎。接着，导购员说："再摔一个。"结果，杯子掉到地上，马上粉身碎骨了。周围顾客笑了起来。导购说道："这种杯子表面上和钢化杯一样，但是，摔到地上却坏了。所以，千万不要上当。"很快，周围顾客纷纷购买钢化杯。

证据可以分为正面和负面两种。上面的好杯子和坏杯子极大的反差性，立刻就消除了顾客的疑虑。当然，如果你的产品有文件资料的证明，也可以展示给你的客户。

其次，少陈述，多提问

如果你对客户说："我们现在就可以签单了。"那么，你的客户肯定会说："我还要再考虑一下。"而如果你这样说："您看，除了刚才的问题，您还有什么疑问吗?""嗯，没有了，就它吧!"

提问和陈述看起来不同，但是，它却很好地减少了客户的逆反心理。对于客户来说，陈述代表着一个明确的立场和观点，而这种观点和立场很容易被人提出反对意见。这也是为什么，当你陈述完某个立场，你的客户就会跟进一个问题的原因。相反，如果你使用提问，那么，你的客户就会使用陈述，他们的回答往往是你需要的。

再次，用身体细节减少客户的排斥

仔细观察你的客户，你需要及时分析客户的身体语言，并截获客户对产品的认知信息。比如，当你的客户无意识身体向前倾时，可能是他对你目前谈论的问题感兴趣，这个时候，进一步确认："我想，您很关注这方面吧？不如，我来多讲一些。"

而当你和客户进入深入交谈阶段，可以增加和客户身体的接触，并且让自己和客户的身体语言趋同，那么，你的客户会很快进入你设计的角色中——因为他潜意识中，已经认可了你和他处于同一角色中。

最后，多微笑，多倾听

梅厄夫人说："你不可能去和紧握着的拳头握手。"什么都没有说的客户是不可能完成交易的，所以，你需要刺激客户的说话欲望，说话欲望则是每个人潜在的表现欲。另外，伸手不打笑脸人，微笑是最难以拒绝的语言。

所以，你需要做的就是，保持良好的微笑，乐于倾听，这样，你就能刺激客户表现自我，找出交易的引爆点，进而攻破客户的内心。

咬断后腿法则——放弃没有意义的客户

在销售中，不是每个订单都是可以实现的，你需要做的是，完成最有可能完成的订单。而那些本身不可能完成的订单，即使你费尽心机，效果也是微乎其微的，并且你的客户很可能还会因为你的“乐此不疲”而大为恼火。如果可以，你应该将产品卖给想购买他的人，而不是花时间在不想购买产品的人身上，浪费精力。

一个小男孩拿着大碗去买酱油。到了商店，交给店主两角钱，很快，酱油装满了一碗，不过，店主的酱油壶里还有一些，问道：“你的碗有些小，剩下的这点怎么办?”

小男孩想了一下，说：“那你倒在碗底吧!”说着把碗翻过来。碗里的酱油全都倒在了地上，但是他却一点也不知道。店主看到此，很是惊讶，但没有说什么，将最后一点酱油倒入碗底，最后，小男孩捧着最后一点酱油回家了。他的本意是想让妈妈表扬他，可想而知，到了家，他的妈妈会说些什么。

你可能觉得这个男孩子很傻，是的，他很傻。但是，很多人都在做着和男孩子的行为类似的事情，自作聪明地想把碗里全部的空间都用上，希望获得最大成就，但是，却因为一点小利益，将整碗的酱油都倒掉了，最后只拿到一碗底的酱油。

故事到这里并没有结束：

小男孩拿着一碗底的酱油回家之后，他妈妈问：“两角钱，你怎么只买了一碗底的酱油?”小男孩很是得意地说：“妈妈！我是因为碗里装不下，所以把剩下的那点酱油装在了碗底。不要着急，我给你看!”说完，就把碗翻过来，结果，碗里是空空的，而碗底的那点酱油也倒光了！

犯了一次错误，很多人都以为自己仍然在做着正确的事情，像小男孩一样，坚持着自己本意，但是，事实上，正是这种坚持，让你失去了既得的所有利益。爱默生说：“愚蠢的坚持是心胸狭小者的心魔，被许多政治家、哲学家所崇拜。一旦有了这种坚持，一颗伟大的心灵也就没有什么事情了。”

销售的二八法则告诉你，20%的客户会带给你 80%的订单。也就是说，如果你把 80%的精力用在剩余的只能带给你 20%订单的人身上是得不偿失的。当你发现自己做出了一个错误的决策，或者面对一个不可能完成交易的顾客，你就要及时收手，不要斤斤计较自己投入如何，前期的预期如何。

每个人天生就有完成欲，希望自己做的事情有始有终。当然这并没有什么不好，但是，如果开始就是错误的，那么就要及时“止损”!

在销售中，不是每个订单都是可以实现的，你需要做的是，完成最有可能完成的订单。而那些本身不可能完成的订单，即使你费尽心机，效果也是微乎其微的，并且你的客户很可能还会因为你的“乐此不疲”而大为恼火。如果可以，你应该将产品卖给想购买他的人，而不是花时间在不想购买产品的人身上，浪费精力。放弃客户，如同掉入陷阱的狼咬断后腿，为自己带来下一次生存的机会，否则纠缠在困局里，只能越陷越深。

一般来说，下面几类客户是你应该放弃的：

第一种，客户总是在思考自己的购买需求

如果一个客户不断地思考自己的购买需求，很大程度上是他还没有真正的购买意愿。并且，这样的客户，往往会耗费你更大的精力，因为你要不断地确认真正适合这位客户的产品是什么，否则，即使他购买了你的产品，也会“后事”颇多。

一般的时候，没有购买需求的客户往往没自己的意见，往往根据你的引导找到自己的“需求”，进而应和你说的问题。但是，他的内心很可能是在考虑，“到底是不是像他所说的那样？”

第二种，和你谈判的人决策权不够

这是谈判中的硬伤。如果一个大型的企业想要购买大型的产品或者服务，却没有一位高层参加，那么，这项谈判很容易失败。即使不会失败，那么，也需要很长时间来完成合同。

第三种，客户不愿意出钱

一个不愿出钱的客户，不管他是有钱，还是没有钱，最后的结果都是失败。当然，不愿意出钱背后还有很多因素存在。如果你觉得自己的推销已经到了一定程度，但是，客户仍是如此，那么，谈判就没有必要进行下去。

总的来说，虽然客户是“上帝”，但是，“上帝”有的时候也会犯错，有的时候，他并不是你的“上帝”。

值得注意的是，客户不是商品，自然不能随意“处置”。并且目前不是“客户”，以后也很可能成为你的客户。即使是放弃，也是在某段

时间内的选择，所以，放弃客户时，一定要谨慎、小心，毕竟买卖不成仁义在，而且客户的负面宣传，会对你以后的销售带来消极影响。

沸腾效应——将客户“99摄氏度”的购买热情加“1摄氏度”

记住，“只有划着的火柴才能点燃蜡烛”。如果你的热情不够，那么，你的客户即使热情到了“99摄氏度”，也会被浇灭。所以，想要完成交易，你必须保持自身的热情。当然，这不是一时半刻的热情，而是源源不断的热情。

如果将水温升到99摄氏度，加一把火，那么，水很快就升至100摄氏度，沸腾起来。于是，大量水蒸气产生，此时，就能用来开动机器了。在成功心理学中，人们把这种现象称为沸腾效应。就是说，一些关键因素往往会引起事物本质的变化。而水的沸腾正是因为一把火造成的1摄氏度升温，最终使得水产生质变——沸腾起来！

沸腾效应在生活中常常出现，比如，平时成绩不错的学生，到了考场总是频频失误，不能发挥出自己正常的学习水平，甚至还会名落孙山。这就是沸腾效应的消极作用，小刺激引起大变化，造成考试的连锁失败反应。当然，沸腾效应并不总是向消极的方向发展，很多时候，一个小的推动还会引起整个事件向积极的方向发展。而这就是我们在销售中要去学习利用的！

假设你和客户的谈判或者交易进入了关键的时刻，此时，客户犹豫不决，一会儿说产品质量不错，一会儿又说产品价格太高，甚至连你也搞不清楚他是要签单还是要走人。这个时候，就是你推他一把的时候，他的购买热情已经达到了“99 摄氏度”，需要你添一把火把他的购买热情就此燃烧起来！

那么，你要采用怎样的方法才能将客户的购买热情增加“1 摄氏度”？

第一步，利用关键因素的效果——努力去做超过客户期望的一些关键行为

首先，保持客户对你的信任。客户的犹豫不决往往是没有确定产品的价值。所以，此时你必须倾听客户的唠叨，认真仔细答复客户的问题，并且对客户的建议进行讨论，将客户选择的利弊分析透彻。

其次，为客户提供可行的解决方法和方案。比如，如果客户在价格上提出质疑，那么，你可以通过提高销量来弥补降低价格的损失。千万不要给客户两个方案，让客户不知道选择哪个更好。这会让客户在犹豫中走掉。

再次，明确协议的内容。一个成功的协议必须是符合客户的想法和结果的。所以，你必须在协议完成过程中，检查客户对方案的接受程度。也只有这样，以后的合作，才能顺利进行。

最后，千万不要给客户不合理的承诺。这个承诺可能会促进客户的购买行为，但是，如果承诺不能实现，那么，客户非但不会合作，反而会认为你是在欺骗他，也因此令你失去了以后合作的机会。另外，不合理的承诺还会给你的上级和你带来压力。

以上这些都是销售热情中的关键的一把火，如果你能及时做到位，那么，很可能就会发生销售的沸腾效应。

第二步，利用非关键因素的量变作用——后续活动中根据客户进展情况采取行动

虽然关键因素很重要，可以在整个销售环节中起到画龙点睛的作用，但是这并不意味着其他非关键因素就不重要了。很多时候，一些非关键因素也能成为销售的最后一把火，促进销售质变的发生。例如：

保持力

只有你与客户不断地保持联系，才能使得客户在需要的时候购买产品，或者不断地购买你的产品。当然，这需要你的坚持。很多时候，在与客户不断保持联系的过程中，你的“服务开支”会下降，因为客户已经熟悉了你的产品和你的公司。俗话中的瓜熟蒂落、水滴石穿也正是这个道理。

推荐力

据统计，一个满意的客户会为你推荐 5 个人。也许，这个客户没有购买你的产品，但是，因为你的产品不错、服务质量很好，如果周围有人需要，他会很乐意为你宣传。记住，客户的宣传是最有效的，关键问题是，它是免费的！

销售的最终目的是完成交易，而不是和某个固定的人成交。你的客户目前虽然没有购买热情，但是，他却可以通过自己的热情为你带来大单。虽然可能不到“1 摄氏度”的火候，但可能为你带来“100 摄氏度”的利润。

第三步，用积极的心理去销售

记住，“只有划着的火柴才能点燃蜡烛”。如果你的热情不够，那么，你的客户即使热情到了“99 摄氏度”，也会被浇灭。所以，想要完成交易，你必须保持自身的热情。当然，这不是一时半刻的热情，而是源源不断的热情。

可以说，这种热情中包含你的自信力、毅力、定力、成功力等诸多心理因素。所以，想要让客户的购买欲望达到“100 摄氏度”，你的所有的热情加起来，一定要超过“100 摄氏度”，否则，你的客户是不会“沸腾”的！

客户的任何怀疑都是致命的

即使口头说得再好，也不如一纸文书来得现实。所以，如果你的客户有所怀疑，就拿出你所有的证据来消除他的怀疑吧！

当然，很多时候，博弈本身就是一种合作，意味着自己的利益和对方相结合。对于一个普通销售员来说，如果将信任错误地用在别人身上，轻则自己受到损失，重则可能导致自己没有东山再起的机会。

所以，从这种程度上解释，怀疑本身就是对自身的保护。但是，正是不是怀疑的怀疑，让其他企业遭到了致命的“销售失败”。

一般来说，客户的顾虑可以分成三类：产品缺陷、怀疑和误解。不管是什么怀疑都可能导致整个销售过程的失败。

现在，我们从以下几个方面来解决客户的怀疑和顾虑。

首先，在处理客户疑虑前，确认客户的顾虑到底是什么

案例公司遇到的就是客户对这家公司产品的安全性的怀疑。工程师以为“安全性”只是技术的安全性。所以，走进了销售的死胡同。而销售主管却从总工关于安全性怀疑的背后意识到，安全不仅仅是产品的安全，而是国家的安全。显然，这不是他能解决的，因为他能保证自己也不能保证别人。

如果你的客户对你的产品提出了质疑，那么，一定要看到客户怀疑的背后。比如，客户质疑你的报价，可能是因为价格超出了他的预算，也可能是你的竞争对手的报价比较便宜。而这就是你需要解决的，他到底在质疑什么。

其次，客户质疑不一定总是对的，但要求一定是有道理的

你必须了解客户的初始动机。如果你的客户希望有一双治疗癌症的鞋，听起来是天方夜谭，但是，背后的意义是，他希望鞋可以保证足部的健康，也可能他在杂志上，看到有些按摩鞋可以起到治疗癌症的作用。这听起来不对，但是却是合理的，因为他希望的是健康，而这可能恰好与你的产品相契合。

所以，质疑本身就是另一个销售点。你可以告诉他："你的意见很好。我知道您的初衷是×××，而我们的产品也恰好满足了您关于×××的需求。"千万不要吝惜你对客户质疑的认可，否则，他也会质疑你的产品。

较真是不能完成合作的，相反，只有同盟才能最大限度地解除疑虑，促使合作完成。

再次，避免任何意义上的失误，不论大还是小

初期的失误会引起客户的潜在质疑

对于初期的销售环节来说，无关痛痒的小失误就是沙堆边缘的沙子，不会立即引起客户的质疑和甩袖而走。因为信任最初是建立在真实的基础上，而不是完美的基础上。不过，这并不意味着，你的失误就一定不会致命。

因为小失误可能引起整个销售环节的二次污染：假使客户本身并不知道产品，那么，这个产品对客户来说，没有任何负面和正面的印象。但是，你的失误就可能导致客户对整个产品的质疑，或者对产品背后企业的质疑。那么，就形成了对整个销售环节的污染。

所以，如果初期出现失误问题，你需要及时纠正自己的错误，才能避免你的客户带着怀疑的态度对待以后的销售环节。

中期和末期的失误可能会让质疑升级为合作失败

一般来说，当合作到了中期和末期，你已经和客户建立了脆弱的信任关系。值得注意的是，此时，销售信任的建立极其艰难，但是，毁坏却十分简单。对于一个已经形成的销售博弈来说，任何小失误，都像是水桶底部的洞，一旦形成，整桶水都将漏光。

所以说，一点失误都可能造成整个销售环节崩溃。客户的怀疑就意味着整个销售沙堆的倒塌！所以，销售行业流行的是——没有永恒的朋友，却有永恒的利益。

在销售中，因为销售后期失去客户的现象很多，也就是说，一个失误的“蝴蝶翅膀”就会引起整个销售过程的中断。打破客户原本的信任，要比客户最初就带有怀疑更具杀伤力。因为从最初，客户就是对你的产品和服务带有怀疑的。

此时，销售员的一个失误，就可能抵消曾经的 100 个正确的决定。对于客户来说，销售的逻辑是，“100－1＝－200”。客户并不会因为一个销售员做了 100 件正确的事而对一件“小失误”忽视，相反，客户可能会因为一个小失误而想到，销售员做的 100 件正确的事，是不是居心叵测，你的诚实和用心是不是为了获取更大的利益。

当然，销售后期的失误，往往也和销售员的“放松”有关，以为单子到手，就无所畏惧了，但是却露出了客户不愿意看的马脚。结果，马失前蹄，整个努力都白费了。所以，避免后期发生失误的最好的办法就是——保持高度的谨慎，避免出现失误。

最后，拿出你的证据

口头即使说得再好，也不如一纸文书来得现实。所以，如果你的客户有所怀疑，就拿出你所有的证据来消除他的怀疑吧！

第8章

买者和卖者之间的博弈

每个人的行为都不可避免是利己的，但正因为利己，才没有绝对不变的输赢，这局的合作，可能产生下一局的对抗。下一局的对抗，可能在瞬间转变为合作。

所以，要想将自己的利益最大化，首先就要懂得何时该先下手为强，何时该等待机会借势而上。

质量和价格的关系

不了解自己产品本身的价值和最佳的性能，只是盲目地在狭隘的市场范围内看“风头”，被短暂的利益蒙住了双眼，而没有耐心和信心去发掘产品自身的优势，只会导致把好的东西贱价卖了，最终后悔莫及。

无论是卖东西的人，还是买东西的人，都应该知道一个道理——“便宜无好货”。可是站在卖者的角度来看，无不希望用更高的价格卖出自己的东西，无论这个东西质量好或者不好；站在买者的角度，则是希望自己能够用更低的价格，买到更好的东西。

卖者和买者形成了博弈之局面，但商品的质量和价格却是辩证统一的。站在销售者的角度来看，无视商品的质量，削低价格去竞争，或者夸大商品的质量，盲目地哄抬价格，都非明智之选。

有一个年轻人，独闯非洲的原始森林，只为寻找一种传奇的稀有树木。历尽千辛万苦，他终于找到了。

这个树木高十多米，如果将它砍下静置。待到一年以后，剥去外面腐烂的外皮，就会露出里面沉黑的树心，这个树心有一股浓郁的香味，如果把它放在水中的话，它会往下沉，而不像一般的树木那样浮在水面上，这种树就是非常珍贵的沉香。它不仅香味奇特，而且有着很高的药用价值，人类对它的需求量很大，但却是可遇而不可求的。

年轻人将沉香带了回去。直接运到市场上去卖。出人意料的是，这珍贵的树木竟然无人问津，在年轻人身边卖炭的人，每天反倒是收获颇丰。

年轻人受不了这个刺激，回到家便把这珍贵的沉香烧成了木炭，再运到市场上，以普通木炭的价格进行出售，很快，他的木炭销售一空。由此，年轻人颇为得意，认为自己很有生意头脑，懂得根据市场的需求而改变自己的经营策略。

他很高兴地把这件事情告诉了父亲。这个在商场上闯荡了很多年的"老江湖"听罢，痛心得流下了眼泪，这棵沉香，只要切下一小块磨成粉末去卖，都抵得上卖一年木炭所挣的钱。儿子做了一件大蠢事，白白地毁了一棵珍稀树木，把自己原本该赚到的钱拱手撒到了烧木炭的火里……

为了顺应市场需求，就把价值很高的东西当作劣等品来贱卖，这样虽然短时间内卖出了东西，但实际结果非但不能挽回损失，还会造成恶性循环，导致更加严重的后果。

松下这个广为人知的品牌，是松下幸之助的毕生力作。曾经，也有人想要挤占松下的市场占有率。于是他们选择了压低商品30%的价格来冲击市场正常秩序。

松下幸之助敏锐地感觉到，这样的状况不会长久，因为自己的品牌已经极力保持质量、成本和赢利的平衡了，也就是说松下所出售的产品不但质量有保证，而且成本很低，定价也基本贴近最低价了，对方陡然降价30%，完全是在亏本销售，这样的冲击力是支撑不了多久的。

于是，不管其他的品牌如何降价，松下幸之助都没有做出降价的决定。他的坚持让高层感到恐慌，大家一致劝他，如果不肯降低商品价格，就从内部解决问题——减少投入，裁掉一部分人，降低一部分人的薪水，以求渡过难关。

松下幸之助拒绝了这个提议。他把所有员工召集起来告诉大家，自己不会裁员，也不准备降薪，但是可以暂时减缓生产量，空余的时间挨家挨户地进行推销，把公司积压的商品都卖出去。

员工受到鼓舞，再加上松下的商品本身品质就很好，不出几个月，积压的货品就全部售空，大家齐心协力渡过了降价风波。

松下幸之助的成功不是偶然，那是因为他深信——自己的产品质量足够用来抵御这场价格攻坚战。

作为一名销售人员，保证自己所销售商品的质量是非常关键的。尽管石头在钻石市场也可能成为稀有珍宝，但每个人不该都抱有这样的侥幸心理。市场是瞬息万变的，今天价值连城的东西明天也可能变得一文不值，如果只关注造势和徒有其表的浮夸，而忽略了商品本身的质量，这样的成功是不容易长久的。这就是一分钱、一分货的硬道理。

可是，如同那位将沉香烧成木炭卖的年轻人一样，不了解自己产品本身的价值和最佳的性能，只是盲目地在狭隘的市场范围内看“风头”，被短暂的利益蒙住了双眼，而没有耐心和信心去发掘产品自身的优势，只会导致把好的东西贱价卖了，最终后悔莫及。

那么，想要把自己的商品卖得物有所值，该怎么办呢？

首先，价格本身就是对产品的自信

如果你将一双耐克新品鞋卖到50块钱一双，那么，别人一定会质疑你的耐克鞋是不是正版。相反，如果你将一双原本10块的老北京布鞋，卖到100元。那么，别人就会认为你将价格标高。

松下产品没有降价，正是为“产品质量”优秀提供的证明。当然，在恶性竞争的市场中，为了降价而降价，最终既会失去利益，还会失去客户。很简单，客户看到你的产品也步入降价潮流，会以为你曾经的价格是对他的欺诈！

其次，不要为了降价而降级产品

产品本身是存在价值的，而产品销售的目的是给客户解决问题。

错误的销售方法，可能会带给人一时的“暴利”，就像“沉香当炭卖”的小伙子，虽然卖出了沉香烧成的炭——炭的目的是给人取暖，却失去了沉香根本的作用——做成香料，为衣物添香。自然，因为产品最终的目的不同而失去了利润。

一分价钱一分货，不仅仅对卖方是如此，对买方也是！而失去了这个销售的根本，无疑是饮鸩止渴。

再次，避免恶性竞争

松下幸之助教给了所有销售人员一个道理，你销售商品的目的，是为民众提供更为方便的生活，而不是为了恶性竞争。

有的人试图在销售过程中投机取巧，不择手段地获得暴利，只要自己收获就可，不管这种行为是不是伤害到了别人。这样的方式是不可取的。“与人方便，自己方便”的道理在销售中同样适用，只有考虑到了客户甚至对手的真正需要，有着为他人行方便的想法，才可能积极地去采取应对的措施，最终为自己也找得方便。

价格战不是每个人都能够打赢的

与其降低价格，让消费者对自己的产品评头论足还怀疑，不如保持不变的价格，去提高商品本身的质量。作为一名销售人员，应该明白一个道理，所谓价格的高低，没有统一的标准，同样价格的商品在有的人眼里就是很贵，是接受不了的东西，但有的人则会觉得便宜。

作为一名销售人员，要想在众多的商品当中将自己的商品优先售出，最能够吸引人购买的手段是什么？或许很多人第一个想到的是：价格。

比同行们给出的价格都低，这无疑是一种很大的诱惑。

但价格战并不是每个人都能够打赢的，相反，如果掌握不好降价的策略，低价的商品便有可能成为不值钱的劣等货。

20世纪70年代，索尼彩电在日本家电市场已经家喻户晓，创造了很好的销量，可是它在美国的名声却很差。

为寻求原因，索尼公司专门派了当时新上任的国际部部长去芝加哥了解情况。

部长到了芝加哥，痛心地发现，索尼那些质量上乘的彩电正满面灰尘地躺在寄卖商店的角落里，无人问津。难道美国人不追求彩电的质量，而看重别的一些东西？

经过调查，部长发现，问题原来出在价格上。前任的部长曾多次在报纸上打广告，发布索尼彩电降价的消息，试图用比同类商品更低的价格来捕获消费者的心。谁知道适得其反，索尼在消费者心中反而形成了这样的形象：低贱的次品。谁都不愿意购买。

如何扭转败局，改变索尼在当地消费者心中的不良印象呢？现任部长绞尽脑汁才想出，需要去寻找一个领头牛，再度将索尼带入市场。

他把目光放到了芝加哥最大的一家电器零售商马歇尔公司的身上。

多次被拒绝之后，他终于见到了公司的总经理。然而吹毛求疵的经理却很尖锐地指出，因为索尼的产品贱价拍卖，形象实在太差，自己公司是不会去卖的。

部长并未放弃。他一面在媒体上重新登广告取消降价销售，一面成立了特约维修部，负责索尼的一切售后服务。而且还让员工每天不厌其烦地给马歇尔公司打电话，推荐购买索尼的产品。

总经理被他搞得晕头转向，答应了他的要求：放几台索尼机子在商场售卖。不过如果一周之内无人问津，就取消卖索尼产品的约定。

部长派出最得力的销售员，很快就将那几台机子卖了出去，完美地完成了任务。一周之后，约定正式启动，因为领头羊的作用，其他家电商场也纷纷进货。

索尼的销售开创了一个新局面。

转败为胜，这是该部长的成功之作。然而这个实例也说明了，降价策略不能轻易地启动。虽然打价格战是所有销售者常用的手段，但是这并不是一把万能钥匙，销售中的失利情况是每个人都会遇到的，可是失利远远不能证明是价格出现了问题。这个时候，切忌盲目地去压低价格以求薄利多销，而应该冷静下来，观察全局，找到自己的“病根”。

究竟是自己的产品比别人的差呢，还是在销售的过程当中出现了什么让消费者接受不了的行为？如果是产品质量问题，该如何扬长避短？如果是自身问题，该怎么改正？追本溯源是最重要的，而不是一遇到问题就迅速降价，这样的策略在短期内或许有用，但很快就会露出破绽。

当然，站在消费者的角度来说，他们是希望各个商家来个价格大战的。商家之间斗得越凶，价格就会被压得越低，自己就能够买到更加便宜的商品。这样实惠的事情是每个消费者都期待的。可是不可否认，大家真正期待的其实是“物美价廉”，能用最少的钱，买到又好又合适的商品。但如果只是价钱便宜，质量却很差，这样的东西想必是每个人都不喜欢的。换一个角度想，如果价钱太过便宜，甚至低于它本来应该值的钱，那么这个商品肯定会让人心生疑虑，究竟是藏了什么样的“鬼”，才把东西卖得如此便宜？

索尼彩电在芝加哥的盲目降价，就是引起了消费者这样的怀疑，因而自动否认了它本身的价值。

与其降低价格，让消费者对自己的产品评头论足还怀疑，不如保持不变的价格，而去提高商品本身的质量。正如索尼后来所做的那样，将价格保持在相同商品的平均价位，而增强了彩电的售后服务环节，使得消费者能够更加放心地购买他们的商品。

但是，作为一名销售人员，应该明白一个道理，所谓价格的高低，没有统一的标准，同样价格的商品在有的人眼里就是很贵，是接受不了的东西，但有的人则会觉得便宜。

这样将会面对两种情况，要么就是主动降价了却出力不讨好，反而让客户看低了自己的产品。要么就是坚持不降价，客户却一味地来讲价，希望你把价格适当地放宽。

降还是不降？需要斟酌。

首先，我们要了解，一般情况下客户为什么会希望降价

一种情况可能是他从其他销售人员那里获取到了信息，他们的价格比你的低，所以他希望你也降价；一种情况是你的产品价格离客户内心期待的价格有一段距离，所以他想让你降价；还有一种情况是，客户觉得你的产品本身不值这个价钱，所以要求你降价，或者他曾经买过比这个更便宜的产品，所以同你讲价。

其次，借机提问，对症下药

了解到这些之后，销售人员就可以借提问之机，摸清楚你的客户究竟是因为什么想让你降价，然后再对症下药，克服降价策略的影响。

对客户提问的关键，是要了解他们的价值观。其实客户本身也是一个矛盾体，一方面他希望你能够降低价格，但如果你毫不犹豫地马上降价，他又会觉得你价格当中的水分太多，让他吃亏了。所以，搞清楚对方的真正价值观非常重要，如果他们的确觉得你的报价太高，

你可以反问他，觉得多少才合适。将皮球踢到对方脚下，如果他主动地报出了他所能接受的价格，就等于你提前知道了他的心理底线，这样你就站到了主动的地位。

再次，突出产品优势，摆明难处

想要不降价还要让对方接受，动之以情，晓之以理是必要的。突出自己产品的优势，让对方自己心里衡量一下，这样的质量同这样的价格是相称的。

同时，也可以适当摆出自己的难处，比如公司的这款商品一直都是这个价格，从来没有降过，我这里是不能够贸然做主的，否则将会被开除。

然后，也可以拉上整个市场来“垫背”，比如，这样对其他的客户也不公平，还会让市场价格产生混乱。因为我们的产品在各地都是统一售价的。

这样说不但让客户有台阶下，也达到了自己的目的。

认清客户抱怨的本质

客户正在对你抱怨，表示对产品质量如何不满意，你贸然地打断了他，并且推脱说：“不好意思，我刚好有个会议，改天我再和您联系！”这样会有什么后果呢？这样的话一说出口，很可能把之前辛苦建立的好感全部推翻了。

老子说：“祸兮，福之所倚；福兮，祸之所存。”如果你的客户选择了向你抱怨，那么你应当庆幸，因为这给了你“挽回”的机会，如果你解决得好，那么，这次的抱怨，还会给你带来更大的销售额。

但是，不要等到客户不再向你抱怨，而向身边的人抱怨，到了那个时候，做任何事情都已经晚了。哈佛大学的李维特教授说：“与客户之间的关系走下坡路的一个信号就是顾客不抱怨了。”

那么，面对抱怨的客户，你要怎么做？

态度至上——避免发怒，失去理性

两个失去理性的人解决问题最终的方式，只能是失去理性两败俱伤。当客户抱怨的时候，他的情绪已经达到了“非理性”的边缘。所以，想要解决问题，你必须在短暂的时间内，安抚他的情绪，而不是火上浇油。一般来说，有这样几个方式，安抚客户的怒气：

首先，要学会以不变应万变。

不管对方是真的觉得合作有问题，还是因为心情不好来无理取闹，销售人员都谨记一个原则：你们是在交易，双方有合约，有商谈，但没有相互控制。不要试图跳起来压制对方的情绪，这样很可能造成连自己也被坏情绪感染的结果。静观对方变，才知道他究竟是要表达什么，然后以不变来应对。

其次，要时时表现出你对客户以及事件的重视。

不要一副玩世不恭的态度，头抬得很高，手指随便摆弄东西，这样都暴露了你内心的不认真。注视对方的眼睛，或者在电话中不断地表示你在认真倾听呢，回答，以及简短的询问。

重视的态度会让对方心安，对方会觉得你是在用心处理这件事情，你很尊重他，肯定会认真地站在他的角度去考虑问题，一旦换位思考，事情就解决了一大半。客户对你有了信任，抱怨的语气会减弱很多，你们的关系有一种微妙的友情在里面，可以相互信赖，相互帮助，气氛逐渐融洽起来。

此外，运用移情的方式也可以在恰当的时候安抚客户的怒气。

客户很可能出现这样的情况，明明只是一个小问题，但他却可以喋喋不休地唠叨上两个小时，把这个事情翻过来覆过去地说好几遍，即使你们已经商量好了解决办法，即使他已经不生气了，但还是要不停地说。

这时销售人员就应该改变策略，不再是傻傻地坐在那里保持微笑去听，而是巧妙地采用移情方式，岔开话题，转移客户的注意力。比如可以称赞对方的衣着，或者突然谈起很久以前对方问你的一些问题，总之，引导客户离开这个情境，不再抱怨。

语言艺术——避免使用下面的话，这会引爆客户的怒气

① 客户正在对你抱怨，表示对产品质量如何不满意，你贸然地打断了他，并且推脱说："不好意思，我刚好有个会议，改天我再和您联系！"这样会有什么后果呢？

这样的话一说出口，很可能把之前辛苦建立的好感全部推翻了。在你看来，也许是希望打断话题，推到下一次，客户却不记得这件事情了。而在客户看来，你分明是无视他的不满，拒绝沟通的表现。

② 永远不要冷冰冰地说："这是公司的规定。"

规定不外乎人情，就算事情本身不能够通融，语言也可以将之润滑。客户抱怨的时候，本来就是情绪有些不满，再遭遇你冰冷的"废话"，很可能就情绪失控了。

③"我不知道啊""这个事情我不清楚"。

这样的话看上去，多少都有推诿的嫌疑。客户向你抱怨，同时也是在向你寻求解决问题的办法，即使你真的不知道，也不能口无遮拦地说出来。重视客户的不满和需要，告诉他你会马上去落实，将不知道变为知道。

④“不可能，我不可能说出那样的话”“我从来没有讲过那样的话”。

这样激烈地否定，难道客户是在故意冤枉你吗？销售人员一旦这样回答，马上就将客户推到了“造谣生事”的尴尬边缘，对方怎么可能不怒气冲天呢？

⑤“这个问题不是我们公司的责任，你应该去问供货商。我们公司只是处在中间环节。”

说这样的话之前先想一想，你身上真的没有一点责任吗？就算没有，太过主动地推卸责任，也会给客户造成不好的印象：“这样的合作对象好像诚恳不足，狡诈有余。现在只是一点小问题，就把责任推得干干净净，以后要是出现了什么大问题，还不得消失不见啊。”这时候客户的怒气不再是短暂的，很可能以后都不愿再同你合作了。

⑥“啊，这种问题怎么还要来问我，3 岁孩子都知道的。”

就算你是先知，也不该这么猖狂。更何况对方是你的客户，这样说无疑在讽刺客户比 3 岁的小孩还无知。相信不管脾气多好的人，也受不了这样的嘲讽吧，对方没有摔门走人，那是他涵养好，更别提以后的合作了。

⑦“价格降不了的，你也知道，一分钱，一分货嘛。”

站在客户的角度想想，谁不希望买到物美价廉的东西，有时候，抱怨价钱太高只是消费者的一个常态。抱怨并不代表他一定不买，喋喋不休或许只是发泄一下花钱后的不畅快。你的物品也许质量足够好，价钱也不能松动，但在客户抱怨的“枪口”之上，一定要强调一分钱一分货的硬道理吗？不降价本来就让客户感到不快了，再去强硬地刺激对方，肯定会激怒对方。

确认抱怨，解决问题

只有找到问题的症结，才能解决问题。所以，你需要先听客户到底在抱怨什么。比如，产品质量、服务态度或者物流状况。

当你了解清楚问题的症结所在，就要来看看问题的严重程度。如果客户只是因为心情不好而随便唠叨两句，这个问题就不是很严重，你所需要做的，就是言辞谨慎地陪你的客户聊聊天，尽量抚平他的不满情绪，熄灭他的怒火。

但如果客户抱怨的问题比较严重，比如是产品出现了质量问题，甚至由于第三方的失误而导致了对方利益蒙损。这时，任何好话都顶不上行动。你需要用行动，让客户意识到，你在尽力帮他挽回损失。比如，更换没有瑕疵的产品，或者进行一定的补偿。

当做过这些努力之后，并不代表完全消除了客户的抱怨。

最后，还需要来确认一下客户的满意程度

每个人对目标的期望都是有偏差的，你认为完美的解决方式，客户也许并不十分满意。不要以为光是去做就完全解决了问题。做完之后，还要与客户沟通一下，确认他们对于这个解决方案的满意程度，这样可以维持同客户的良好关系，并让他们觉得你这个人真诚且体贴。

不要斤斤计较解决问题所花费的额外成本，更不要去同客户谈论这个问题，这本来就是你该付出的，这一次的付出或许会换来更多的满意度，最终会创造出更大的利益。

另外，要懂得总结，防止类似的事情再发生

每个客户的问题不同，也只能说明你具有更加丰富的销售及待人的经验。要在帮助客户解决抱怨的过程中认真总结，不快究竟是在哪一步产生的，自身的产品及服务还有什么不足的地方，以此为鉴，不断地提高自我，同时也防止了类似的事情再发生。

如果同样的问题总是出现，对你而言便是个危险的信号。是不懂得吸取教训，还是解决方式上的根本错误？如果不懂得总结和反思，离自己彻底失败的日子就不远了。

销售弱势方，冒险策略越早行动越有效

就算你每天对自己说一百次一千次要有勇气，只要没有付诸行动，一切都是空谈。其实在销售中的每一天，都是一个新的开始，每一天都要有“虎刺怕”精神。这种精神不是勇敢、大胆，或者是公然冒犯、厚颜无耻就能够解释的，但似乎又综合了这些词语的意义。

当你的面前强敌林立，大家都共同瞄准了一个大客户，你既无强大的背景，也无非常知名的产品，可是，你同样期待成功地将自己的东西销售出去。同时，这名客户极端挑剔，让很多对手都不得不将计划停滞，静观其变，你自己显山露水的机会来了，打算怎么办？是随大溜静静地等待，还是出其不意地有所行动？

“先下手为强，后下手遭殃。”如果你带着冒险精神先出手，也许会获得意想不到的收获，就算你毫无优势，但至少站在客户面前可供选择的，目前只有你。假设你的出击失败了，却为你赢得了时间和机会，别人还在思考第一轮策略之时，你已经提前进入第二轮策略的阶段了。

倘若畏首畏尾，过度担忧，待别人想出了新的策略，你就算跟着去实行，也毫无优势可言。

可见，如果局势足够明朗，并且需要冒险出击，那么越早行动越好。

楚汉之争时，两军交战于彭城，刘邦大败。为谋得反败为胜之先机，刘邦命说客隋何前去九江，试图说服九江王发兵助汉，牵制项羽。

凭着三寸不烂之舌，隋何终于说动了九江王英布，让他暗中帮助刘邦成大事，英布要求隋何暂且保密，不能将此事外露。

可是彼时的九江王势力很大，想要拉拢他的绝不止刘邦一个。果然，还未等隋何离去，项羽派出的使者就到了，带来了项羽的话，要求英布速速发兵支援楚军。

隋何听说了这件事，不由得多想，他直接闯入了英布的会客之地，还没等英布说话呢，隋何就朝着项羽来使说道："九江王已经归附了汉王，何来发兵援楚之道理？"这句话让英布吃惊不已，来使见情况不对劲，掉头欲走，谁知隋何拔剑就将楚国来使斩杀了，随即回头对英布说，他的归汉已经成了不争的事实，不如早些发兵援助。

势成骑虎难下，英布只能迅速发兵。

彼时的楚强汉弱是不争的事实，不管隋何之前是怎样同英布沟通的，也不敢保证英布一定不会改变主意。再加上楚国来使已到，万一英布权衡利弊，觉得应该帮助强大的一边，那么隋何所做的努力就全都白费了，且小命难保。就算隋何还能使用自己的三寸不烂之舌与楚国使者强辩，也可能只是打成个平手，毫无占据先机的机会。

不如赌一把，就赌先发制人，将英布推到骑虎难下之势，让他帮也得帮，不帮也得帮。

于是隋何毁了之前二人保守秘密的约定，并以迅雷不及掩耳之势将楚国来使斩杀，大家都知道："两军交战，不斩来使。"他这一着，就完全切断了英布的后路。

这个故事说明了这样一个道理，当你处于弱势，又想占上风的话，应该要有点冒险精神，而一旦决定要冒险，则宜早不宜迟，迟则生变。

如果隋何不是直接闯进去，而是在外面犹犹豫豫，或者静观其变，那么情况可能就彻底地变了。闯进去，结果不一定能成功，但也未必就会失败，冒险其实就是一场华丽的赌博。

作为一名销售人员，掌握着劣势资源，站在人后，也不一定就会一败涂地，毫无发达机会。那些将生意做大的人也是从一文不名开始的，并非天生就口中含金砖。

观察整个销售市场我们就会发现，那些越是有成就的销售精英，就越是容易投入更多的精力来关注“大溜”，也就是说，他们太过恐惧一着不慎，满盘皆输的现实，而随大溜就不容易出大错，总是回头看看别人怎么做的，自己也尽量不要偏离太远，这是最保守的发展方式。

反倒是那些年轻的，初出茅庐的销售者，更加敢于去走新路，开发新的点子。尽管这样很冒险，但险中求胜也未尝不可，如果是需要一些冒险精神，那么先冒险远比后冒险要强。

如果冒险在先，就算是错了，也还有挽回的机会。如果一味等待，最后才出“杀手锏”，则有血本无归的危险。

当然，冒险策略需要勇气，在销售中，你要如何提高自己的冒险勇气呢？

首先，要付诸行动

就算你每天对自己说一百次一千次要有勇气，只要没有付诸行动，一切都是空谈。其实在销售中的每一天，都是一个新的开始，每一天都要有“虎刺怕”精神。这种精神不是勇敢、大胆，或者是公然冒犯、厚颜无耻就能够解释的，但似乎又综合了这些词语的意义。

“虎刺怕”精神强调的是，要富有热情地去面对每天，充满信心，敢于冒险，付诸行动。

其次，要懂得从小事做起，不要好高骛远

谨慎是冒险的前提，不要以为冒险就不存在谨慎，只是行动更大胆一些。所以，你的冒险要从小的方面开始，只有适应了小风险，才能一步步地渐入佳境。先敲开几家门，打几个推销电话，认识几个客户。拓宽自己的眼界之后，才有可能从更高的地方起步。

冒险，还要有一定的技巧和方法

要敢于尝试新的方法，如果这样行不通的话，可以改变策略。每天都要有尝试新鲜事物的勇气和信心。在尝试的过程中，要有决心，不怕失败不气馁。要相信，成功能够促进更多的成功，信心能够酝酿更大的信心。

罗伯特·清琦曾说：“在如今这种迅速变化的世界中，不冒险的人才是最大的冒险家。不冒险的人注定将来会失败。”销售更是冒险与胆识的结合。

智猪博弈——跟随借势策略

小猪处于一个弱者的地位，无论奔跑能力，还是竞争能力都比不上大猪。如果换做它疲于奔命，那么很有可能吃到的食物都不足以维持奔跑所需要耗费的能量，最终不是饿死的，而是跑死的。倒不如就坐在槽边安然等待。

可能你只是一家小企业的销售负责人，无论在广告营销，还是市场占有率上，你的产品都没有优势可言。但是，事实上，没有优势并不一定就会被困。

销售环节中从来没有一成不变的输赢和对抗。在左与右、强与弱的拉锯战中，能够找准时机巧妙借势，就能够获得意想不到的收获。

比如，一个新的品牌的化妆品，想要在纷繁复杂的化妆品市场分一杯羹，看似是一件非常困难的事情。因为“垄断”是人性和企业发展使然，去看看饮料界的两位大亨——可口可乐和百事可乐就略知一二。虽然饮料行业如此发达，但是，能从两者之中挤出来的第三家垄断大亨的产生却是难上加难。

既然起了分吃蛋糕的心，就要寻找能够分得到的策略。

智猪博弈正是这样一种博弈状况。

猪圈里有两只猪，一只大的，一只小的。人为地假设它们都是有足够智慧的猪，可以通过思考运用策略来达到它们的目的。

现在，在猪圈的一头有用机关控制开门的食物箱，而机关按钮则设置在猪圈另一头。距离很远。大猪和小猪都有同样的选择，自己去触碰开关，然后跑到另一头来吃食；或者等着对方去触碰开关，自己直接在这头吃食。

如果是大猪去触碰开关然后跑回来吃食，那么它将会吃到所有食物的60%。如果是小猪去触碰开关然后跑回来吃食，那么大猪给它剩下的只有10%。如果两只猪同时跑去碰开关又同时跑回来吃，那么大猪和小猪吃到食物的比例为7∶3。如果都不动，那么都没得吃。

权衡再三，最后的结果是，大猪不辞辛劳地跑来跑去，触碰开关、吃食物。而小猪则在食槽边坐享其成，安然地吃到属于它的40%。

在这个事例中，小猪处于一个弱者的地位，无论奔跑能力，还是竞争能力都比不上大猪。如果换做它疲于奔命，那么很有可能吃到的食物都不足以维持奔跑所需要耗费的能量，最终不是饿死的，而是跑死的。倒不如就坐在槽边安然等待。大猪身体壮，需要消耗的能量也多，承受饥饿的能力反倒不如小猪，肯定会先动起来，去碰开关，哪怕明知道小猪“蹭吃蹭喝”占了它的便宜，也无能为力。小猪借助大猪的势力，找到了妥善生存的空间。

就像我们所要说的新晋化妆品牌，如何去销售，如何去拼？

削尖了脑袋的想着怎么去诋毁别的商家，不择手段地找到竞争对手的弱点，试图曝光之，以衬托自己的优势？想来并不是妥帖的方法。

或许我们可以去学习猪圈里的那只小猪，跟在大猪的后面，不用劳累，也能吃饱。想要做到这一点，就要这样做：

首先，应该发现自己的严格劣策略，并进行剔除

小猪选择去踩机关，再回来吃食就属于它的严格劣策略。

同样地，一个全新的不为人所知的产品，在市场中首先就是一个劣势产品。但确定了产品的暂时地位并不等于确定了销售人员自身的优劣。作为一名销售员，应该把自己以及自己的劣势产品放在什么位置？对自己所需要销售的劣势产品有多少的了解，真正的优劣点是什么？对竞争对手的产品又有多少的了解？

知己知彼，才能够及时有效地发现自己的严格劣策略，将其剔除。

其次，在将自己的严格劣策略剔除之后，就要观察对方的严格劣策略

比如大猪选择等待，就是它的严格劣策略，因为小猪等待能够等到顺风车，而自己等待，只能等着饿死。所以，大猪不可能等待，只有跑起来，才能占优势。

在销售中情况也一样。拥有劣势产品的销售人员，想要借势，就必须得了解强势一方的劣策略。比如开拓某一块市场，劣势产品进得去或是进不去，对销量都不会有太大影响，因为它本身的销售都还在尝试期。可是优势产品就不一样，它必须奋勇地去开拓，不能坐吃山空。

因而可以发现，在这片市场上，不管多难，优势产品的销售都是要迎难而上的。

再次，发现对方的严格劣策略，是为了找到对方的优势策略

此刻，一名优秀的销售就已经把全局看得八九不离十了。然后就可以选择“搭便车”。

比如，对方销售的保湿水是销量非常好的产品，那么将自己将要推销的产品放在对方之后：用过那款保湿水，再加上这个保湿霜，能达到事半功倍的效果。

当对方进驻到了那块新的领域，只需要跟在他后面，把自己附带推销出去，就已经达到了真正的目的。

如果光从效益上来看，同竞争对手分一杯羹显然会降低自己的收益。但是销售路上没有永远的朋友或敌人。有时候，赞叹对手的强大实力，暂时屈居人后，只是为了将来迎头赶上甚至超越。“搭便车”必然能让你更快地达到目标，但前提是，一定找准那只能让你搭上“便车”的“猪”。

失败不一定是成功之母

从心理学角度上看，不断地成功会让成功者获得更多的自信，而不断地失败则会打击人的信心，也就是说，如果你的成功逐步累加，那么道路越走越平坦，因为信心已经足够用来解决难题。

人们往往会在教育人成长的时候不断地进行激励说，失败是成功之母，似乎只有不断地经历失败，才能够最终获得成功。

但越来越多的现象显示，失败不一定是成功的母亲；相反，那些经常成功的人，往往容易在下一次也获得成功，而经常失败的人，则更接近一败涂地。

其实这是一个非常普遍的社会现象，尽管很不公平。比如一项重要研究成果的出现，本应该是汇聚了很多人的心血，但最后站在光环之下的，可能只是那个已经有相当声誉的人。众多默默无闻的奉献者所创造出的成绩，却无法得到别人的认可。

就像销售一样，那些有经验、成功的销售者，拥有着更多的人脉，掌握着更多的信息，他们成功的概率通常会比那些初出茅庐的新手要高得多，即使出售的是同一样商品。

很久以前，一位国王将要出门远行，临行时，他把最信任的三位仆人叫到了面前，把自己的财产都交给了他们。不过，并非平均分配，而是根据各自的才干来分，最能干的那个仆人，国王给了他五千块，剩下的两个，分别给了两千块和一千块。

国王走后，这个领得五千块的仆人，揣着所有的钱去做买卖了，很快就回了本，而且还多赚了五千块。

而那个领得两千块的仆人，拿着这些钱，去做了点小投资，赚回了本，也多赚了两千块。

剩下的那个领到一千块的仆人憨厚老实，不敢动主人给的钱，于是他在自己家后院挖了个坑，把这一千块原封不动地埋了起来。

不久以后，国王游历回来了。他召见了这三个忠实的仆人。

第一个仆人对国王说："主人啊，您给我的钱我没有浪费，用来做生意了，赚了五千块。现在我把这一万块都还给敬爱的主人您。"

国王高兴地说："好啊，你这个忠诚的仆人，用心也有本事，我要把许多事情都交给你管理，你可以享受主人的快乐。"

第二个仆人将四千块交给了国王，同样得到了国王的称赞，交给他事情管理，给予他享受快乐的权力。

到了第三个仆人，他将那一千块从地下挖出来交给了国王，说："我亲爱的主人啊，我知道您就算没有播种的地方也要收割，没有散财的地方也要聚敛，所以我就把您给的银子藏了起来，现在原封不动地还给您。"

国王很生气地责备他说："你这个又懒又恶的仆人，你明知道我没播种也要收获，未给予也要聚敛，就应该把这些钱放给那些兑换银钱的人，以好利滚利呀。"

说完，夺过这一千块，交给了那个赚了五千块的仆人。

这个故事，出自圣经《新约·马太福音》，被称为马太效应。这个效应生动地说明了一个现象：强者恒强、弱者恒弱。

产生马太效应的原因是：当一个人在某方面取得成功之后，就会产生优势的积累，获得更多进步的空间，到了下一次，这些优势充分地发挥作用，让这个人成功的概率更大。

试想，作为一名顾客，是倾向于相信一位合作过并且名气很大的销售人员呢，还是容易相信一位一文不名的小销售呢？答案是无需言明的。名气大的销售，似乎更有诚信，能力也更强。

这个社会一直都是适者生存的。当你进入到销售这个领域，就更加能够感受到竞争的激烈。想要取得成功，就要迅速找准目标出手，也就是说，要迅速做大。当你成为强者或者领头羊的时候，就能够比别的人获得更大的利益，也就是所谓的"赢家通吃"。

那么，如何从一名弱者迅速地成长为强者呢？

一个人在人来人往的大街上放声地喊："谁敢惹我？"多么挑衅味儿十足的话呀。这时候路过了一个壮汉，看到这人的嚣张，非常地不服气，上去说："我敢惹你！"这人马上微笑着上前，搂住壮汉的胳膊，又将声音提高八度喊道："现在谁敢惹我们俩？"

把强者的主动权掌握在自己手上

这个故事虽然有点荒诞，但说明了一个道理，弱者想要变强，要懂得掌握主动权。

弱者行销，要如何把主动权掌握到自己手上呢？关键是要弄明白强者争抢的究竟是什么东西。如果能挑起强者之间的竞争，弱者就能够从中获利。因为表面上看，强者都不屑与弱者合作，但如果是两方强者互不相让之时，弱者的力量就算很卑微，加在强者身上，也能让他们多一点竞争的筹码。既然已竞争，就不会强强联手，这时的弱者就成了抢手货，迅速变强的道路出现了。

就像前面那个"找人惹"的人一样，其实他是借用了强者的力量，用自身的优势，衬托出了强者的形象，自己也能跟着变成强者。

用成功的信心积累下一次成功

从心理学的角度上看，不断地成功会让成功者获得更多的自信，而不断地失败则会打击人的信心，也就是说，如果你的成功逐步累加，那么道路越走越平坦，因为信心已经足够用来解决难题。

所以，当你成为强者，就会发现路似乎更加平坦，因为最困难的阶梯，你已经为自己搭建好了。

就像上门推销东西那样，鼓起勇气敲门是困难的，敲开门被人拒绝是难堪的，连门都没开就被骂则是苦闷的，但如果你成功了一次，马上就会信心倍增，之前所有的不愉快便立刻烟消云散，接下来，更多的成功就会向你涌来。

杜绝骄傲，没有真正的强者，只有不断地与强者比肩

当真正变成了一个强者，“强者恒强”就成了一个警示而不是单纯激励你向上的力量。因为强者不可能是永恒的。社会竞争非常激烈，就算你已经成为一名非常成功的销售人员，也有可能在一夜之间身败名裂甚至倾家荡产。成功的光环每个人都向往，但能让光环一直在自己头上萦绕却需要智慧和冷静的头脑。

如果你因为连续的成功而终于得名得利，是不是就骄傲得不知所以然，觉得自己已经是强者，是无所不能的呢？如果是这样，你很可能已经走到悬崖的边缘。纵观那些商界的成功者，他们一直保持自己强大力量的秘诀其实就在于保持清醒的头脑，无论何时何地，得到怎样的成就，赚到多少钱，都要清醒地认识问题，清醒地看待这个世界。

唯有清醒地看到全局，才能保持强者恒强。

第 9 章

同行一定是冤家吗——怎样对待无处不在的竞争对手

对手，有时候是朋友，有时候是敌人。有时候他们争强好胜地抢在你的前面，显得如此刺眼；但有时候，少了他们，却感觉闷闷不乐，销售都做得不顺畅。爱他，还是恨他？赞扬他，还是贬低他？冲上前去打倒他，还是退后一步相让于他？

销售中，究竟该怎样来对待那些无处不在的竞争对手？

同盟，还是敌人

大汉朝开国之臣韩信死前说：“狡兔死，走狗烹。飞鸟尽，良弓藏。敌国灭，谋臣亡。”这说明了，你同你的竞争对手可以是相互牵制、唇齿相依的关系，还可以是同生共死的关系，关键的问题在于你们处于什么形势之下。

当你准备将一件商品销售给客户，而同时有另一个人也准备将自己的商品销售给这个客户时，你就有了一个竞争对手，就算不是你死我亡的竞争，至少也是利益之争。

“同行是冤家”，这个对手的存在让你感到焦虑、寝食难安、不愉快了吗？

有时候，对手未必就是对手，当你们共同存在的时候，会觉得他碍手碍脚，拦截了你的利益，阻挡了你前进的脚步。但试想一下，如果没有这个对手来竞争，局面又会是什么样子？

在美国费城的一条街上，曾经有两家非常有意思的廉价品商店，他们的店面紧挨着，卖的东西也差不多。

两家商店竞争激烈，矛盾很深，除了打价格战之外，还经常见到两家的老板因为彼此不满而站在街上大吵。这里的人都乐得看他们这样又争又吵，因为最后得益的总是顾客，在无数次的压价竞争之后，大家都能买到很便宜的东西。

每一天通常都是这样开始的。这家店刚刚打出广告：“出售帆布背包，就算有火眼金睛都不能找出瑕疵，并且价格低得可笑，只售6

美元。”

半个小时后，那家的店马上就挂出新的广告：“火眼金睛恐怕需要副眼镜了，我家的最新帆布包，5.9 美元。”

这样的事情每隔几天就会发生一次，当然最后总会有一方先败下阵来，不再降价。然后就见居民们涌向另一家店，迅速将其店中的廉价品买走。

这样争了很多年，两家店并没有出现单方垄断的局面，反而生意都很好。突然有一天，其中的一家老板得病死了。

没几天后，另一家老板也宣布移居外地，店铺停业。

不久，两家店都来了新的老板，他们惊讶地发现了一个秘密：这两家店，居然有一条相通的密道。

经过打听，真相终于呈现在了居民们面前，原来这两家店的老板，是兄弟俩。所有的竞价，商店门口的辱骂，那些别人眼里看到的事情，不过是二人在做戏罢了。价格大战的最后，不管是哪边获利，最终销售出的，都是他们两家共同储存的商品。这两个整天吵吵闹闹的兄弟，才是真正的博弈高手。

竞争与联合之间的界限一直都不明确，如果能够通过联合，来达到共赢的目的，那么远比残酷的竞争要好得多。但有时，却不得不通过竞争来争取自己的一席之地，而不是一味地联合别人的力量。

作为一名时刻闯荡市场的销售员，如何看待你身边或明或暗的竞争对手呢？

首先，应该明确，你们是同行

同行意味着你们即使不是掌握相同的信息，但至少是有相同的目的，或者目的有交集。找到这些交集，并弄清楚对方的优势和劣势。

其次，要在一定程度上认识到，同行的确是冤家

也就是说，你们也是冤家。不管“冤家宜解不宜结”的古训说明多么深刻的道理，认识到对方是冤家，意味着要做好知己知彼的准备，并且防人之心不可无。

然而，情况从来不会停止不变，经过一定条件的转化，你们必然会成为同盟者。在面对某一些顾客或者其他更需要防备的竞争者之时，你们势必要成为同盟者。

比如你和另一家公司的销售员都在争取一个片区的供货权，明争暗斗已经好久，彼此压价，互不相让。客户从你们的竞争中获得了很大的利益，你们彼此都明白，但却无路可退。你和对手都在一边较量一边等待，看谁先退出竞争，另一方就能获得绝对的利益。斗争之中，一切也处于平衡之势。

突然，一个新同行的出现打破了这种局面，他也想钻进来，分一口蛋糕吃。这是你和你的老对手所不能容忍的事情，于是你和他必然会心照不宣地成为同盟者，共同对付这个“新来的”，直到把他挤走。

大汉朝开国之臣韩信死前说：“狡兔死，走狗烹。飞鸟尽，良弓藏。敌国灭，谋臣亡。”这说明了，你同你的竞争对手可以是相互牵制，唇齿相依的关系，还可以是同生共死的关系，关键的问题在于你们处于什么形势之下。

如同上面一个事例，假设你用了一些手段，生生地挤走了同你竞争多年的对手，结果也未必就是你完全垄断这个片区的供货权。为了不受你牵制，你的客户必然会找来新的对手同你竞争，依然在你们相互压价的过程中获利，而这个新的对手，也许会比从前那个更狠，更强大。到时候，你一方面要想新的策略来应对，另一方面又要对客户的讨价还价做出回应，保不齐会焦头烂额。

所以，从博弈的角度来观察，有时候“杀敌”未必就是上策，“养敌”反而可以自保。这其实就是均衡实力和各方利益的一个问题。

和对手成为朋友

“化干戈为玉帛”需要一定的气度，但是结果却比针锋相对的互相报复有用得多。在销售中也是同样，放弃攻击，并且和对手成为朋友，把你们手中的资源相互补充完善，定能够获得更大的市场，这远比拿着自己的产品，不管好坏都闭上眼睛去搏一把要稳妥。

竞争对手同你之间的关系，以利益为核心，以人伦、法律为底线，从不是一成不变的，而是随着情况的变化而变化。

但很多时候，人们在处于竞争局面之时，首先考虑的不是停止，而是进攻。

作为销售员，面对满市场的竞争对手，冒险策略告诉我们，可以选择先发制人。然而，并不是所有的情况都适合这个策略。有时候，盲目攻击只会暴露自己的弱点，给了对方可乘之机。

三国鼎立，三方僵持，各自为政地生存了多年。

不是魏国同蜀国打得不可开交，吴国坐山观虎斗，力图渔翁之利；就是蜀国同吴国交战，魏国静观其变。

总之，大家都清楚，不管谁同谁在打，对打的一方未必就是最终的敌人，而观看的一方也不像是朋友，只要出现力量悬殊，第三方必有所动。

因为关羽被吴国所杀，造成东吴同蜀国兵刃相接，吴国大将陆逊火烧连营，蜀军大败，不得不回撤。陆逊乘胜追击，一直追到了鱼腹浦。

眼前出现了一堆乱石，敌军却不见了踪影。乱石之间雾气缭绕，诡异不堪。陆逊带人慢慢地往前走，突然之间风沙大作，扬尘瞬时蒙住了他们的眼睛。陆逊只得回寨。通过打听，他们得知这是当年诸葛亮布下的奇阵，无需一兵一卒，足以抵挡面前的千军万马。陆逊思考之后，放弃了追击，撤军而返。

陆逊的撤军，完全是因为惧怕这个传奇的迷阵吗？

答案未必肯定。如果他执意追击，也许可以将蜀国灭掉，但是自己的大后方必然起火。因为魏国正在虎视眈眈地看着他的举动，只等他调兵攻蜀，好收渔翁之利。

这就是博弈之策略。有时候，眼前的进攻尽管有利可图，但放弃这个进攻，却意味着获得更大的利益。关键是，你能不能分清究竟是眼前的利益重要，还是身后的利益重要。

假设这里有甲、乙、丙三个销售员，都想将自己的东西卖给一家跨国的大企业。每个人的产品如果按十分来算，那么甲的产品可以打八分，乙的产品可以打六分，而丙的产品只能够打四分。

现在，他们遇到一起了，除了看产品质量，还有很多因素存在于竞争之中。作为产品质量最差的丙，却拥有着非常强大的人脉，可以孤注一掷地去拼一把，就算不能独享这块蛋糕，至少也可以分到一部分。大公司的光芒太耀眼，诱惑太强大，竞争对手之间似乎都忽略了周围的风景。其实，需要类似产品的，还有周围的几家小公司。

这个时候的丙应该怎样选择呢？一定要获得眼前的利益也不是不可以，就算只分到一点点，收益都是丰厚的。但不敢保证对方下一次不会质疑自己的产品。

如果从这场竞争中抽身而退，去建立同那些小公司的合作，尽管收益明显不如前者，但从长远上来看，却可以保证日后的合作。综合观察，抽身而退为上策。

不去尖锐地进行攻击，不去争，不代表着是认输，是放弃。舍与得之间，本来就是辩证统一的。

现实的竞争当中，往往由于各方面因素的综合作用，出现意想不到的结局。竞而争之，并非一味地披荆斩棘，结果也未必就是最有实力的人胜出。在一场销售的博弈中，能否胜利不仅仅要看产品质量和销售人员的实力，还取决于各方实力的对比。

所谓高处不胜寒就说明了一个道理，如果你站得很高，实力很强，也就最引人注目，在与对手的竞争当中，未必就是你占优势，因为竞争可能不是单一的，而是多方面的。那些比你弱的对手很有可能心照不宣地联合起来，先将你挤出局，然后再竞争。

所以，如果对手同你的实力差别很大，不管你是过强还是过弱，都可以考虑放弃攻击，以求获得更大的利益。不去攻击，把咬牙切齿的敌对人物变成自己的朋友，未尝不是一种策略。

曾经有一个牧场主和一个猎人是邻居。牧场主养了很多羊，而猎人那里只有一些贪吃的狗。猎人家的狗经常半夜跳进牧场主的羊圈中咬死几只羊吃掉，为此牧场主很生气，多次找到猎人，希望他管好自己的狗。

每次猎人都很敷衍地回答着，可是不见行动。他的猎狗依然会来偷吃羊。牧场主气得咬牙切齿，他暗暗打算，一定要买一种毒药，等到邻居家的狗来偷羊吃的时候，把它们都毒死。

有一天，一个神秘的客人来到牧场主的家里，他似乎一眼就看穿了牧场主的烦恼和心思，于是对牧场主说：“我这里倒是有一种毒药，见效非常快，猎狗只要舔到一点就马上毙命。可如果那样的话，你和你的邻居就成为相互仇恨的敌人，他肯定也要想其他的方式来报复你。

现在，你认真地考虑一下，是要有一个像敌人一样的邻居呢，还是要和朋友做邻居呢?”

牧场主恍然大悟。第二天，他送了几只可爱的小羊羔给猎人邻居的儿子作为礼物，小孩子一看到这些小羊羔就喜欢得不得了，猎人的脸上也浮现出了感激和愧疚的神色。没过几天，猎人就在家里做了一个大笼子，晚上把猎狗关了进去。这样，他的狗既伤不到自己孩子心爱的小羊羔，也保证了牧场主的羊群安全。

“化干戈为玉帛”需要一定的气度，但是结果却比针锋相对的互相报复有用得多。在销售中也是同样，放弃攻击，并且和对手成为朋友，把你们手中的资源相互补充完善，定能够获得更大的市场，这远比拿着自己的产品，不管好坏都闭上眼睛去搏一把要稳妥。

永远不要贬低竞争对手

诽谤、贬低对方的效果是适得其反的。从心理学的角度来看，人们都喜欢听到美好的语言，而不是恶毒的，试想在空气清新、心情良好的早晨，接到推销的电话，对方非但没有彬彬有礼，而且大放厥词地贬低你的合作伙伴，试图抬高自己的时候，没有几个倾听者会感到愉快，更容易产生反感。

作为一名销售人员，有对手，有竞争，这都是不可避免的事情。但是，竞争却不是盲目的。想要插手或者抢掉对手的生意，想要赢得顾客的信任，不是几句贬低对手抬高自己的话，就能够达到目的的。

某天，一位负责销售的公司白领接到了一个电话，听声音对方是一个年轻的男子，很爽朗地说：“×××小姐，你好。我是某某公司的，我们公司专门生产某某产品，该产品刚好是贵公司产品的部件，我们的产品不但质量好，且价格很便宜，希望能够获得与贵公司的合作机会。”

因为对方推销的产品刚好是这家公司产品的核心配件，多年来一直有固定的供货商，所以这位白领很客气地回答说：“谢谢你，但我们公司一直在使用某某牌子的产品，最近没有更换的计划，不过您可以留下联系方式，如果我们有了新的计划，会第一时间与您联系的，好吗?”

电话到这里，应该告别然后结束了。可是对方显然不甘心，接着说：“贵公司怎么会选择那个品牌的产品啊？那个品牌的产品不但质量一般，而且性能很不稳定，寿命不长，价格却很高啊。”

听到这里，这位白领有些不高兴了，回答道：“我们一直在使用他们的产品，很多年了，并没有出现性能不稳定的情况呀，而且我们的产品销售出去，也没有收到客户关于这方面的反馈意见，你所说的质量差，有什么根据吗?”

对方听出了她口气里的不快，急忙辩解道：“也不是说他们的质量多差，但肯定没有我们的好，而且我们的价格比他们的便宜……”

通话当然不欢而散。

想来那个推销员肯定达不到自己的目的了，因为他的语气已经引起了客户的反感。想要强调自己的产品质量好，就一定要拉一个“垫背”的来衬托吗?“王婆卖瓜，自卖自夸”是不错，但是王婆自夸的时候，并没有捎带着讽刺李婆、张婆的瓜不好啊。

当那个推销员随口贬低竞争对手的产品之时，会给人两种感觉：

第一种像是间接讽刺了客户不识货，对于不好的产品非但没有识别出来，还使用了很久。

第二种感觉是让人觉得轻浮和不可靠。市场是大家的，你有你的优势，别人自然有别人的优势，哪怕你所说的是事实，也有以己之长，去比较别人之短的嫌疑。而且拼命显示自己的优点换个角度看就是在逃避自己的缺点。

事实上，诽谤、贬低对方的效果是适得其反的。从心理学的角度来看，人们都喜欢听到美好的语言，而不是恶毒的，试想在空气清新、心情良好的早晨，接到推销的电话，对方非但没有彬彬有礼，而且大放厥词地贬低你的合作伙伴，试图抬高自己的时候，没有几个倾听者会感到愉快，更容易产生反感。对于一个自己反感的人，除非是他的产品非常之好，能得到很大的利益，否则，人们通常是不愿与之合作的。

那么，想要获得客户的心，应该怎样做呢？

以事例中的销售来说，当客户礼节性地让你留下联系电话之时，是暗示这次谈话可以结束了，但既然留下了电话，说明日后依然有回访的契机。

如果一定要坚持说下去，话题也不应该从讽刺竞争对手开始。

第一，适当赞扬对手

相反地，可以先赞扬对手好的地方，比如说："同你们合作的某某品牌，在业内呼声很高的，在质量方面的确非常棒，是我们的好榜样。"

先摆出对手的优点，不但赞扬了对手，显示了你的谦逊，同时也暗暗赞扬了客户，说明他们有眼光，有能力，能够同好的品牌合作。而且，当你们都欣赏同一个品牌的时候，证明你们已经站在一条战线上了。

第二，委婉地亮出自己的优势

当你赞扬完对手，就可以委婉地亮出自己的优点，而这个优点正好是对手的劣势。比如价格，恭维对方是名牌，业务做得大，价格也很硬挺，而自己的产品价格上要稍微便宜一点，但绝对保证质量的，只是因为市场份额很小，力求薄利多销。

先赞扬对手，再亮出自己的价格优势，这样不但有助于谈话的继续进行，还能够给客户留下一个好印象。就算他暂时不考虑同你的合作，但很大程度上已经记得你了，而且印象不错，那么当你回访的时候，沟通就会顺畅得多。

第三，买卖不成仁义在

就算真的不能够合作，在你几次联系之后，你自身的谦逊礼貌也许已经给客户留下了深刻的印象，他甚至把你当成了一个朋友，你的业务成功与否，客户身上慢慢产生了一种连带责任，他会因为总是拒绝你而感到内疚，这个时候他甚至会主动地分一杯羹给你。

共生效应——天敌也可以成为救星

在自然界中存在着这样一种现象，如果一棵植物单独地生长，往往长得比较矮小，但要是在同样的地方种上好几棵同类植物，它们就会生长繁茂。于是，人们把植物界中这样相互促进相互影响的现象定义为共生效应。

其实，这种效应广泛存在，无论是植物间，还是动物间。按常理推断，一棵植物单独生长的时候，应该有更丰富的营养和光照，理论上应该长得枝繁叶茂才对，可为什么事实却恰好相反呢？

很久以前，挪威人从深海中捕到了沙丁鱼，发现这种鱼味道非常鲜美，于是他们打算将沙丁鱼运到岸上去卖。可是，沙丁鱼生性懒惰，每当渔夫们载着大批的沙丁鱼抵达岸边，鱼儿们因为静止不动而缺氧，大部分都口吐白沫而死。

死的沙丁鱼变得不值钱，渔夫们都很沮丧。

唯有一位老船长，每一次都能载着鲜活的沙丁鱼靠岸，因此也挣得了更多的钱。大家都很好奇他的方法，但却在老船长死后才得到了答案。

原来，老船长在运送沙丁鱼的船舱内，同时放入了沙丁鱼的天敌——鲇鱼。由于鲇鱼追逐着要吃沙丁鱼，几乎所有的沙丁鱼都因为要逃避被吃的厄运而拼命地游动起来，大家不再抱作一团等待窒息，结果获得了更多的氧气。

这样，虽然仍旧有部分沙丁鱼被鲇鱼吃掉，但大部分却存活了下来。

天敌也可以成为救星？

事实正是如此，因为天敌之间都需要争得生存的机会，逃避捕捉是为了活着，去捕捉是为了不被饿死，在这样的竞争中，死亡反而远离了，追逐给了双方活下去的斗志。

曾经，草原上的狼群和马群也印证了这个道理，狼群永远不可能将所有的马吃光，而马不管怎么精明，也不可能把狼全部饿死。每一次牧民们的迁徙，也是狼和马的一次生存竞争。

狼包抄而至，马奋勇狂奔，一场厮杀之后，草原上遍布尸体，据说，每一次这样的追逐之后，幼马的生存率只有20%左右，但活下来的，都是精英。同样，狼群亦有伤亡，每一次这样拼抢后，老狼、身体有病的、有残疾的，都会死在战场上，年轻的继续统领“江湖”。

在人类看来，这样的厮杀野蛮而残忍，但这正遵循了“物竞天择，适者生存”的道理。其实，销售的竞争，又何尝不是这样的场面呢？只不过没有血肉飞溅的血腥，但却是没有硝烟的战场。

设想，如果每一种商品只有一家公司生产，只有一位销售在跑市场，那么他们还有什么跑的意义呢？无论推销与否，宣传与否，顾客只可能买你的产品。

但是，这却是危险的信号，因为觉得顾客毫无选择，所以你就懒惰对待，既不去考虑产品的更新和修正，也不去维护同客户的关系，似乎你成了顾客的“上帝”，但社会是进步的，所有人都不可能保持原状，总有人会因为受不了你的态度，受不了你们产品的老旧和无趣而站起来，取而代之，这对你而言将是致命的打击。

当然，事实是，市场纷繁复杂，每一种产品都有无数的商家在生产，每一个客户都有无数的销售在竞争，他们通过各种方式来获取客户的信任和青睐，达到互惠互利。

在这样的竞争中，每个人都或多或少得到了自己想要的。客户通过销售的相互竞争得到了低价商品，销售人员通过同行之间的竞争获得了供货权。也许这次是你，下次就是他。在这样的博弈当中，很多产品生存了下来，最次的遭到淘汰。

如果你需要出售东西，就必然会面对无数的竞争。不要觉得竞争是件多么可怕的事情，也不要再固执地祈祷，要是这个世界没有激烈的竞争该多好！事实上，没有竞争就意味着灭亡，就像不用争着活下来的沙丁鱼一样，即使不被鲇鱼吃掉，也因静止不动缺氧而死亡。

所以，当对手出现时，不要反感，而是要高兴，因为你们给彼此提供了生存的契机。然后，就需要去观察你的对手，看看他的优势和劣势。虽然他能带给你生存的机会，但不代表他不会将你置之死地。

观察之后，可以选择有效的策略，针对你自己比较有把握的方向去竞争。如果胜利了，也要适可而止，不要借势将对方置于死地，因为你永远都不可能将所有人都踩在脚下而你高高在上地独自生存着。

两虎相争，必有一伤

在销售上，拼尽全力，把对方逼入死角，自己也可能元气大伤。如果互留余地，暂掩锋芒，则有可能收获更甚。这并不是什么丢面子的事情，而是一种智慧的博弈。

强中更有强中手，在销售的世界中，没有绝对的赢家，你争我夺是常有的局面，合作也好，联合对抗也好，其实都是潜在的竞争。那么，如果你是一名能力很强的销售人员，当遇到另一位实力相当的对手之时，就像同一座山头的两只老虎，将会形成怎样的局面呢？

假设两只实力相当的老虎狭路相逢，它们各自都面临着相同的选择，要么发起攻击，要么退下来让路。

如果是甲老虎发起进攻，而乙老虎选择退下来让路，那么甲不战而胜，乙则很丢面子。反之，如果乙老虎选择进攻而甲老虎让路，那么乙胜利而甲丢面子。如果甲乙都发起进攻，那么很可能两败俱伤。如果甲乙都让路，则相安无事。

可是老虎毕竟是进攻型的动物，对它们来说，最好的结局无异于对方让路，自己赢得胜利。但如果两只老虎都这么打算，结果却很可能还是两败俱伤。

从这个假设我们可以看出，对于任一只老虎来说，都有自己的最佳策略，然而它们彼此的最佳策略却是相冲突的，谁进谁退，谁输谁赢，结果是无法预测的。如果将它们的实力进行比较，就能知道，实力强一些的，将会有更多前进的机会，即使对方也选择前进，它赢的概率也要大一些，但这种赢也是要经过拼杀付出代价的。

在伊索寓言中有这样一个故事：

一天，一位农夫拉着自己的驴子去赶集，起初，走的是平坦大道，为赶时间，农夫决定抄近路，于是牵着驴子拐上了一条蜿蜒崎岖的山路。

这下驴子不干了，拼命地想要挣脱束缚，挣扎间，它已然到了悬崖边，农夫一把抓住驴子尾巴，想要把它拖回来。

谁知道驴子非但不回头，还使出了浑身的力气，想要挣脱农夫。农夫力气显然没有驴子的大，最后眼睁睁地看着驴子用力挣扎着掉下了山崖。农夫苦笑道："倔驴子，你终究是赢了，可却赢得很悲惨。"

俗话说："两虎相争，必有一伤"。凡事一定要争个输赢，就很有可能败得很惨，得到了像那头驴子一样的"胜利"。

在销售上，拼尽全力，把对方逼入死角，自己也可能元气大伤。如果互留余地，暂掩锋芒，则有可能收获更甚。这并不是什么丢面子的事情，而是一种智慧的博弈。

可是很多时候，即使大家都明白"二虎相争，必有一伤"的道理，但在狭路相逢之时，却依旧不能够选择退让，特别是认为自己占据优势的一方，则更有可能主动挑衅，引起战争。因为大家都不愿意成为失败者。

先观察形势，强于先进攻

如果你的竞争对手同样是一名能力很强的销售员，狭路相逢之时，你应该首先观察一下形势，包括对方真正的实力，以及对方手上产品的质量。细心地观察之后，一定会得到很多先前不了解的信息。

问问自己是否能够稳操胜券

然后，我们应该进行一下自我提问，在这一场竞争当中，面对那么强的对手，自己是不是能够稳操胜券？如果答案是否定的，那么应该去主动地改变僵持不下的局面。如何改变？那就是选择后退。

后退并非缺乏勇气

我们应该明白，后退并非没有勇气，重要的是，比起两败俱伤，保全自己的实力显得更加重要和划算。也许没有面子只是自己看自己的笑话罢了，别人不一定会这么觉得。前进的人也许会获得更多的收益，但退后的人不见得就会失去什么。保存自己的实力，转个弯看看，也许会发现更广阔的天空。

见好就收，切勿得寸进尺

拥有贪婪之心的时候，你会自动地过滤近在眼前的危险，也许对手已经做好了打败你的准备，也许事情已经起了变化，但是你得到的太多了，以至于自信得根本看不见这些变化。当灾祸降临才后悔自己陷得太深，那个时候就晚了。

两虎相争之时，有一只虎明白局势，自行选择退让了，那么另一只虎呢？是见好就收地享受不战而胜的果实呢，还是为求终极胜利而乘胜追击呢？

春秋时期，强国楚国向郑国发兵。其他的诸侯国见其以强凌弱，感到愤慨，于是以齐桓公为首的齐国联合了其他八国挥师南下，准备声讨楚国。

眼看大军压境，楚国便派出了使者去谈判。使者见到了齐桓公与管仲，一番对答之后，齐桓公便带使者去看了自己的军队，目的是炫耀自己的兵力。

他指着成群结队的士兵对来使说："您看看这样的军队，有什么样的敌人是打不了的呢？有什么样的城池是攻不下来的呢？"

来使镇定自若地回答："作为国君，您如果是用仁德来治理天下，那谁会不听从您的号令呢？但如果单凭武力，您的兵力再怎么勇猛，恐怕也不一定能对付我们。"

齐桓公本来就不打算拼尽全力去打楚国，如此声势浩大，也不过是炫耀一下兵力，增强号召力，做做样子罢了。一番言语博弈之后目的达到，他们也就同意了与楚国和解。

未起纷争，齐桓公就已经达到了自己的目的。因为他们深深地明白一个道理，见好就收。本来目的也是造势，谈话间既说明了声讨对方是师出有名，也显示了自己的能力强大，就足够了，这个时候如果还不和解，而是得寸进尺地提要求，或是干脆起兵攻城，不见得会有好的结果，就算是赢，也会有很大的牺牲。

在销售中也是一样，不管面对的是怎样的竞争对手，都要使利益最大化，付诸行动之前就应该想好，走到哪一步就收手。有时候，逼得对手无路可走也许会给自身带来一种满足感和刺激感，但是，天外有天人外有人，就算你打倒了这个对手，也不一定就能战胜下一个。

在面对败局的时候也是同样的道理，及时刹车，将损失控制在可控范围，方为上策。

无论在大好的胜利面前，还是败局面前，都应该有及时刹车的勇气。可是，很多人都有一种不服输的心态，都想要一拼到底来证实自己的实力。自信和盲目自信是不同的，销售中，在面对竞争对手的时候，太过高估自己的实力而去拼杀，对双方都不利。

首先，要综观全局，明白自己究竟是站在获利的成功位置，还是站在赔本的失败位置

通常的理解，如果一个销售人员连去闯去斗的勇气都没有，就失去了打败竞争对手的机会，也就不会获得所谓的利益。市场再广，蛋糕再大，想要吃，还是得去“抢”，守株待兔是等不来那么多兔子的。

但是人们往往会因斗红了眼而失去正确判断局势的能力，一味地想着要打败对手争口气，完全忽视了自己深陷的泥足。这样的好斗之人，还容易被对方诱入彀中，彻底失败。

其次，应该学得以和为贵的心态

在对手面前太过争强好胜，客户也好，利益也好都要抢到最多。这样做不但会伤了和气，还容易给同行以及客户留下好斗的印象。好斗意味着有时候并不能够明辨是非，好斗也显示了这个人也许脾气暴躁容易冲动，总之，好斗会让你暴露出自己的缺点。

相反，以和为贵的人看起来更像是能顾全大局，掌握利益最大化的人。

再次，应该学会退让

退让并不是一味地忍让，而是得到好处以后，懂得见好就收。市场很大，并不是你一个人就能垄断一切，得到了自己想要得到的，甚至已经超出预期的利益了，就应该及时地停手。想要获得利益，并不是只有一种方式，这里的退让也许是铆足劲应对别处需要的进攻。

把获得的利益转化为其他创造利益的方式，而不是死盯着一个方面，得寸进尺只会让你钻到牛角尖里出不来了。

最后，要明白，你不可能一个人就把好处占全了

得到了还想再得点，赚到了还想再赚。这大概是很多销售人员都有的心态。这件事情或者这个客户给你带来了利益，那么就自我感觉良好地认为，一定可以从这里得到更多的利益，而且得来更轻松。拥有贪婪之心的时候，你会自动地过滤近在眼前的危险，也许对手已经做好了打败你的准备，也许事情已经起了变化，但是你得到了太多了，以至于自信得根本看不见这些变化。当灾祸降临才后悔自己陷得太深，那个时候就晚了。

第 10 章

要一锤子买卖，还是要长期合作

商场亦如战场，同样讲究策略和技巧，同样需要天时地利人和。不过战场上两军殊死搏斗，没有常胜的将军，也没有必胜的战争。而商场中双方对峙博弈，不但有双赢互利的对手，还有地老天荒的胜利者。

因利益而起的一场拉锯战，是一锤子买卖博取最大利益，还是长期合作谋取长远利益？攻心为上，商场也需心理战，用哪些方法可以助你得到“人和”？

为什么会有“一锤子买卖”

一锤子买卖就是一场“一次博弈”。本来就处于信息不对等状态下的交易双方都能够预期以后不再有第二次的交易产生。因此在唯一的一场博弈中取胜，获取最大利益，就成为推销商的唯一目的。信誉、诚信等也便不再对推销商的行为起到约束作用，客户必定遭遇推销商的“背叛”。

公交车上，一位老人拒绝他人让出的座位，却对一个不肯让座的小女孩破口大骂。看到小女孩对他的责骂置之不理之后，老人不客气地坐到小女孩腿上。这让人目瞪口呆的一幕发生在互不相识的陌生人之间。如果两人相识，那么这一幕就绝不可能发生。为长辈让座，晚辈自然理所应当。疼爱晚辈，长辈说不定会让晚辈自己坐着。

到底是什么约束了你的行为？

尊老爱幼是人们奉行的社会公德。但是约束人们行为的却不仅仅是社会公德。如果相识的两人因座位起了争执，那么原本和睦的两家人可能会产生可预见的裂痕。因为微小利益（公交车上的座位）的争执，损害此后的长远利益（两家人的和睦），是任何人都不会做的错误选择。未知却可预见的共同利益，约束了你的行为。陌生人之间，不存在未知而可预见的共同利益，因此，他们会毫无顾忌在众目睽睽之下争夺眼前可见的利益。

同样的一幕发生在各种旅游景点、车站等地方。旅游景区的推销商向客户销售粗制滥造且价格高昂的纪念品。他们似乎从不担忧顾客对商品质量的投诉，也从不把销售商的信誉放在心里，更不会顾及商人的诚信。他们为何能如此高高在上无视交易的准则？

答案很简单。

80%以上的客户都不会第二次光顾景区。因此在客户和推销商的这场博弈中，推销商很明确这将是两人唯一的一场博弈。商品的质量、良好的服务、商店的信誉都不会对以后的交易产生影响。那么如何将本次交易的利益最大化，就是推销商唯一需要考虑的问题。牺牲质量，降低成本来获取最大利益，无疑是这场博弈最好的选择。

一锤子买卖就是一场“一次博弈”。本来就处于信息不对等状态下的交易双方都能够预期以后不再有第二次的交易产生。因此在唯一的一场博弈中取胜，获取最大利益，就成为推销商的唯一目的。信誉、诚信等也便不再对推销商的行为起到约束作用，客户必定遭遇推销商的“背叛”。

买卖成立的条件

从表面上看，在一次博弈中，客户处于无可挽回的劣势。他们既无法有效地“货比三家”，找到性价比最合适的商品，也没办法在吃亏之后，退还货物，讨回损失。谁愿意花费更多的金钱和时间到千里之外找推销商退换货物呢？

然而，我们不能忘记这一点，获取最大利益的前提是客户决定购买商品。只有交易达成，推销商才可能获利。而采取不正当手段榨取客户利益的结果是，旅游景区的购物点不再被客户信任，他们从购物经验中已经总结出景区消费不可信的结论。这会使得他们在景区消费的欲望大幅降低，进而导致景区消费总体量下降，景区推销商的利益也就无从保证了。

对景区推销商的总体恶评导致一些销售人员抓住任何机会“宰客”，追求“三年不开张，开张顶三年”的暴利。虽然明知道会降低景区商家的信誉，导致严重的恶性循环，但面对利益的诱惑，又有多少人能够理智地选择呢？

“冰冻三尺，非一日之寒”，旅游消费这个行业的集体堕落，就是在这一次次“一锤子买卖”中形成的。毁掉销售的信誉，一次交易足矣。挽回消费者的信心，却不是一次交易就能达成的。

商场“老客户”“回头客”无疑比新客户更加重要。“老客户”从何而来？在前次交易中获得预期利益，双方达成双赢，才能得到下次合作的机会。在多次博弈中，双方的诚信不断被验证，合作关系才能长久维持下去。

一只蝴蝶轻轻扇动翅膀，可能在未来掀起一场巨大的风暴。对未来收益和未来风险的合理预期指引着我们的行为，影响着我们的决策。买卖双方的博弈中，最好的策略是能获取最大利益的策略。如果你无法排除在未来与对方交往的可能性，那么你就必须考虑当前策略对未来合作产生的影响。

很明显，销售人员不考虑未来，选择“背叛”客户，一味追求眼前利益，必定要牺牲长久利益为代价。这完全不利于我们达到利益最大化的目标。想要把一次买卖扩展成未来的无数次买卖，想要把“新客户”培养成“回头客”，我们决不能鼠目寸光，只顾眼前利益。让“新客户”享受“老客户”的待遇，把每个“最后一次交易”都看成“第一次”，你会发现，牺牲掉的利益为你带来了更多收益。

250 定律——每个客户身后都有 250 个潜在客户

在杯子里滴入一滴墨，墨色会很快地在水中扩散。如果你用力摇晃杯子，墨和水会融合得更快。同样地，在客户使用之后，你再做好产品的售后和跟进，他自然会为你争取到更多的客户。

“1＝250”，你相信吗？这可能是连小学生都要摇头说不相信的问题。但是，这却是在销售界著名的 250 定律：“只要你赶走一个客户，就等于赶走了潜在的 250 个客户。反之亦然，只要你获得了 1 个客户的认可，你也将得到潜在的 250 个客户。”

你也是关系网络中的一员

社会是由人组成的。人和人之间又构成了复杂的关系网络。每个人都会扮演不同的角色，也承担着不同的责任。如果你是一位男性，在你的家庭中，你是父母的儿子，是儿子（女儿）的父亲，是妻子的丈夫。在学校里，你是老师的学生，是学长学姐的学弟，也是学弟学妹们的学长，还拥有众多的同学。在工作岗位上，你是领导的下属，也是下属的领导，还有一些平级的同事。认真回想，你会发现，尽管真正和你交好的亲朋好友十个指头就能算清楚的，但是你无法否认在这样的关系网络中，你认识的人数也数不过来！

上推到祖父母一代的亲属，下推到子女一辈的亲属，包括姻亲，一个家庭至少超过 100 人。小学、中学、大学各种阶段，和你同级同校的人数以万计。至于你的邻居，你的同事，你在网络上结识的种种朋友，或许这个清单打印出来能环绕地球一周。

你在各种场合认识的人，都可以成为你的资源

人与人之间的交往绝非单纯一对一，今天你得罪了一个客户，很可能明天就“臭名远扬”。而传言总是好的越好，差的越差。夸大错误之后的传言，一传十十传百，很多潜在的客户仅凭传闻就首先把你排除在外。

或许有部分客户不会完全相信那些传言，但在听到你的“事迹”之后，他们会觉得无风不起浪，可以肯定的一个事实是，至少你在某些方面确实做得不够好。在未来的交易中，想要和心怀疑虑的客户建立友好信任的关系会更加艰难。

既然取得客户的信任如此困难，我们为什么不从简单的地方开始呢？当你费尽心思想要认识一位陌生的客户时，很可能你认识的某位朋友正在苦苦思索从哪里可以购买到你推销的那些产品。

一个非常奇怪的事实是，当人们想要获得某种物品时，他们总会忽视自己手边的事物。你的同事或是你本人可能都做过类似的事。你急匆匆地试图找到你的签字笔，当你翻遍了办公桌的所有角落，暴躁地想要用手抓头发的时候，才发现，原来笔就在自己手里。

你需要解放你的关系网，打电话给那些舅父、姑妈、阿姨、叔叔和各阶段认识的同学们吧。

第一，你有他们的准确的联系方式。

第二，你掌握着他们的一切情况，就算不知道，你也完全可以通过亲戚打听到。这比网上搜索更准确有效。

第三，他们不会拒绝你的电话和访问。亲戚朋友之间互相走访不是一件很常见的事吗？

第四，和他们交流，能营造更友好和睦的氛围。

从最亲密的朋友开始

开展事业之前，你最亲密的朋友可能已经为你提供了你所需要的鼓励和支持。如果你还没有就营销事业和朋友展开一次谈话，那你最好马上进行一次。在朋友聚餐和聚会的场合，你完全可以不经意地提起你的销售事业、产品、厂家、最新的折扣等。

最好的情况是，你的朋友之一对产品产生极大的兴趣，并愿意使用这款产品。于是你轻松获得一个忠实的客户。通过他的试用，产品完全有可能扩展到更多的朋友手中。

这是一种晕染效应，在杯子里滴入一滴墨，墨色会很快地在水中扩散。如果你用力摇晃杯子，墨和水会融合得更快。同样地，在客户使用之后，你再做好产品的售后和跟进，他自然会为你争取到更多的客户。

最坏的情况，莫过于朋友对产品没有任何兴趣，但你也不必沮丧，拜托他帮你在他的朋友圈里做一些介绍和宣传，只要有更多的人知道你和你的产品，那你就有获得订单的机会。真正需要产品的客户，其实不需要推销，他只需要一个联系你的方式而已。

如何从一个点，扩展到一个面

不要满足于在固定的朋友圈里推销，你得随时准备扩大你的朋友圈。朋友的朋友，也是朋友。不断把位于边缘的朋友拉进圈子，然后通过他认识新的朋友。你会发现，当你从一个点延伸出无数条线的时候，这些线条最终变成一个平面，乃至一个立体的图形。

这个过程说起来很容易，但要做到很难。你需要端正你的态度，不要因为是朋友就不做准备地信口开河或夸大其词，也不要因为是陌生的客户就轻视敷衍或是巧语欺骗，那样的后果是你难以承受的。

一位客户准备了现款到一家汽车4S店挑选合适的车型。他希望从销售员那里获得更加专业的意见。销售员打量这位客户，并因客户简单随意的衣着产生轻视。在回应客户提问的时候，总以一种冷淡的语气说话，也不准备向客户介绍全部合适的车辆。在客户明确表示希望试驾档次更高的车型时，销售员冷漠地表示那些款只用于展示，不用于试驾。

客户失望而归，却从朋友那里得知，那家店内的全部车款都可以试驾。在朋友的询问下，客户明白销售员的推托。这件事很快地在客户的朋友圈中传开了。某家店销售员服务态度恶劣的名声也传开了。那家店的销售额直线下降，知道实情的负责人对那位销售员破口大骂，但是失去的名声却很难找回了。

如果你获得了一个核心客户，你就有可能获得他背后潜在的250个客户。

如果你得罪了一个可能客户，你不但会失去潜在的客户，还会失去苦心经营的信誉。

生意人讲究和气生财，因为他们懂得，一个满意的客户会带来更多的客户。一个人来人往的饭店总会吸引更多观望的顾客。人们选择产品的重要标准也包括产品拥有最多的使用者。你应该重视每一位客户，把每位潜在客户都当作真正的购买者。

非价格忠诚——如何让客户继续保持对产品的忠诚

不要把客户是否购买产品作为衡量客户是否值得交往的标准。“买卖不成仁义在”，你为客户付出你的热情和真诚的时候，也必然会收到客户的信任与好感，进而获得客户对你和产品的信任。这或许会是一个漫长的过程，但请相信付出必然是值得的。

当你在销售时，你要时刻记住这样一句话——服务质量与价格对顾客的影响力成反比。服务质量越高，顾客受价格影响越小。

哈佛商学院教授罗伯特·海耶斯批判那些单调刻板的商业活动。因为十五年来，顾客在购买过程中，受质量的影响已经远超价格影响，“情感消费”成为当今消费新动态。价格已经不能让客户继续保持对产品的忠诚。

美国著名市场营销学家莱维特说：“未来企业竞争的焦点不再是企业能为消费者生产出具有什么使用价值的产品，而是企业能为消费者提供什么样的附加价值——即服务。”

随着社会经济的发展和消费水平的提高，消费者的消费理念和心理也在发生翻天覆地的变化。越来越多的消费者开始享受购物的乐趣，他们更看重购物的质量，而不是商品的价格。购物的质量，不仅仅包含商品的质量，还包括购物过程中享受的服务的质量。

市场上的商品在激烈的竞争中有极大的趋同性。不同厂家生产出的同种类型的商品彼此之间在性能、质量甚至外观上的差异都很小。

所以销售人员想要取得这场博弈的胜利，就必将面对这个问题：如何通过服务，培养“非价格因素”的忠诚客户？

服务至上，推销在次

如果你能先销售出色的服务，那么，在接下来的产品销售中，你就会顺利许多。

一对夫妻想要购买一辆小排量的汽车。他们在多个汽车销售点徘徊，东看看，西看看，就是不说自己对哪种款型的车满意。

售车员见此情景，很热情地向他们介绍小车的性能、排量、设计及油耗等细节。故意不去追问他们究竟想要买哪款车。

售车员专业的介绍终于提高了丈夫的兴趣，他不断向售车员提出各种专业化的细节问题。在得到耐心细致的回答之后，丈夫表露出了自己的意愿。原来，他想要一款小排量的汽车，但是又担心排量太小不能适应坡道和弯道多的道路。

向不熟悉商品的客户推销你的产品，你需要向他介绍与产品相关的内容。如果你能非常专业地将产品展示给你的客户，那么你就得到了客户的信任。比起结结巴巴一问三不知的外行，一位侃侃而谈对产品了如指掌的专家总能得到更多的认同和信赖。

不要急着向客户推销某款汽车，你需要首先解答客户的提问，热情细致地回答客户的问题，向客户展示你所能提供的一切服务，包括咨询、试驾、售后、维修等。让那些坚持"货比三家"的挑剔客户也满意你提供的详尽周到的服务，那么得到订单就是顺理成章的事。

记住，先推销你的服务，然后，再推销你的产品。

交流第一，互动随后

倾听客户的需求，是销售员与客户交流沟通所要达到的重要目的，是每个销售员都应当重视的环节。客户希望能获得一件独一无二的产品。它或许不是这世界上唯一的一件，但它一定是客户购买时最喜欢、最满意、最认可的一件。

售车员了解客户的顾虑之后，有重点地介绍了几种排量小，动力大，灵活性好的车型。但是，妻子却对丈夫看中的车型吹毛求疵，认为车的颜色不好看，车内的座椅不够舒适。售车员称赞妻子有品位，并拿出对车漆颜色的调查，用数据告诉这位妻子，客户使用车辆后，对各种颜色的评价。妻子仔细翻看，将售货单和调查名单做比较。售车员又拿出设计人员对车内座椅的设计理念说明，告诉那位妻子，这样的设计能够减轻长时间驾驶引发的疲劳。实例和科学分析的结合打消了妻子的担忧。

了解客户的需要，站在客户的角度考虑，向他介绍为他“量身定做”最切合实际的产品，将更能获得客户的认可。

客户对产品的挑剔，很多时候不是因为不满意，而是因为他们确实喜欢这款产品。试图找出产品的缺陷和瑕疵，正是他们设想得到这款产品的第一步。这时候，你不该对看似无理的诸多挑剔火冒三丈，而该冷静理智地拿出实际的事例打消客户的顾虑。要知道，他们比你还要焦灼地等待着你带给他们的合理解释，他们更期待听到你对产品的认可。

解决客户的疑虑，同样是与客户互动交流所要达到的目标。站在朋友的角度，对客户提出建议，客户会更容易接受你的意见。一本正经地交流只限于商业谈判，我们何不营造一点轻松愉快的气氛呢？

超越销售身份：朋友第一，推销第二

如果你的客户只是将你看成一个销售员，那么，他可以不购买你的产品，但是，如果你是他的朋友，他会考虑在自己不受损失的情况下，成人之美。

这对夫妻没有第一时间购车，而是打算考虑一周后再给售车员回复。他们离开之后，售车员并没有把这对夫妻打算考虑的话当作托词，他把销售点对售出车辆的一系列售后服务的相关资料寄了过去，还邀请这对夫妻加入一个爱好这款车型的交流群。夫妻俩通过和购买同款车的车友交流，很快熟悉关于这款车的一切信息，并和售车员成为朋友。

一周后，售车员等到的不仅是这对夫妻，他们还带来了另外一位想要购车的朋友。因为丈夫对售车员的专业知识非常欣赏，认为这位售车员能够给朋友的购车意向提供最专业的意见。妻子认为售车员服

务到位，热情真诚，是一位值得信任的朋友。

售车员就是这样一步步地用服务将自己的产品推销给客户，并获得客户满意的。产品是固定不变的，该变的是销售员的服务。产品是批量化生产的，销售员的服务才是独一无二的。

对客户而言，你是否可信是他们是否购买产品的关键。要和陌生的客户建立起真诚的信任关系，做到这一点并不容易。交流将是建立信任关系的第一步，彼此之间越熟悉，也越能相信对方。售后服务和回访等交流，是你和客户之间的良性互动，也是建立信任关系的桥梁。

不要把客户是否购买产品作为衡量客户是否值得交往的标准。“买卖不成仁义在”，你为客户付出你的热情和真诚的时候，也必然会收到客户的信任与好感，进而获得客户对你和你的产品的信任。这或许会是一个漫长的过程，但请相信付出必然是值得的。

专业化、个性化、精细化和互动化的高质量服务将使你成为客户心中独一无二的销售员。独一无二的销售员才能带给顾客独一无二的产品。

分马定律——你凭什么打动客户

在营销过程中，我们凭什么打动客户呢？和客户的交易是建立在何种基础上的呢？

答案是：人性的优点——诚实守信。推销员和客户在诚信的基础上达成共识，那么交易的可行性和成功率就会变大。因此，你首先送给客户的，应该是你对客户的尊重和你的信誉，而不是引诱客户上当受骗的小恩小惠。

某财主去世了，给三个儿子留下 17 匹马做遗产。财主在遗嘱中说，长子可以得到 17 匹马的 1/2，次子得 1/3，幼子得 1/9，分马时不能杀掉马。17 匹马的 1/2 是 8 匹半马，如此分配，必将杀掉其中一匹。三个儿子苦思冥想，想不出不杀马又能平均分配的办法。

这时候，邻居家一个聪明的老人为三兄弟出主意。老人从家里牵来一匹马，于是财主的遗产就变成 18 匹马。长子牵走 9 匹马，次子牵走 6 匹马，幼子得到 2 匹马，最后剩下一匹马，老人又带回去了。

这个有趣的数学谜题，不单反映深奥的数学原理，更揭示出重要的营销策略。财主留下的遗产，三个儿子都想得到，但如果没有邻居的主意，三个儿子都没有办法得到。邻居牵来的这匹马，充当了分马流程的催化剂。从表面上看，邻居牵来马是没有回报的付出，帮助三兄弟解决问题，他并没有获得额外的收益，牵来一匹马，最后还是只有一匹马。

但邻居果真没有获得回报吗？

答案是否定的。他获得了三兄弟的好感，维护了邻居间的友好关系。好感和友好关系能帮助他得到什么呢？或许是马匹的使用权，或许是三兄弟的照顾。马匹有价，人情无价。

在营销中，最关键的不正是得到客户的好感和建立友好关系吗？这个故事在营销策略中被称为“分马定律”。社会的活动就是人的活动，经济活动也如此。营销员的工作对象就是形形色色性格各异的客户。和人打交道，就是和人性打交道。与其说营销过程是一种经济活动，不如说它是特殊的心理活动，是销售和客户之间的心理攻防战，取胜的必然是对人性了解更透彻的一方。

“分马定律”的核心可以用老子在《道德经》里面的句子来论述：“将欲取之，必先予之。”这句话经过一番演变之后，被固定在“取舍”的意义上。没有付出，就没有收获；适当地付出，会获得丰厚的回报。

有舍才有得，舍去小利，得到大益

电子商务的传奇——阿里巴巴是这么做的。1999年，马云在杭州创建阿里巴巴网站。随着网购的产生和发展，2003年，阿里巴巴的网购平台——淘宝网应运而生。在淘宝创建之初，易趣网早就开通了网购服务，并占领了较大的市场份额。新生的淘宝很难在易趣口中抢到市场蛋糕。面对窘境，马云做出惊人创举，他宣称淘宝将免收交易服务费。这无疑降低了网民网上创业的门槛。

创建免费的交易平台，放弃交易服务费，马云真的损失了吗？

2005年，短短的两年间，淘宝以免费策略打败在网购份额上占优势的易趣。随着电子商务的高速发展，淘宝占据了中国网购70%以上的交易额，成为广大网民创业和购物的首选，奠定了自己在电子商务平台上的“霸主”地位。在免费攻略下，易趣也不得不跟随淘宝的脚步，取消交易服务费。而淘宝之后的竞争者，也没机会在交易服务费上和淘宝竞争。一项免费的措施，既打败了最大的竞争对手，又断了新生竞争者的后路，还为自己争取了最大利益。

马云放弃的利益是巨大的，获得的回报却超过付出更多。开放交易平台的结果是占领大量市场份额和得到用户好评。商场犹如战场，打胜仗也需要“天时地利人和”，人心的向背，更决定了商战的胜负。心理学原理这么描述人性：人既讲求公平也讲求互惠，只有你满足了对方，对方才可能满足你。给予客户好处，换来客户热情的回报和扶持，这就是营销的共赢。

让渡物质利益，换取客户的认可和好感。先付出未必就处在必败的位置上。古语云，“得人心者，得天下”，现在我们说，“得客户心者，得市场份额”。敢于付出，敢于投入，敢于冒险，那么舍与得的攻心之战，你会是最终的胜利者。

给予有“度”——有所为有所不为

客户需要你给予什么？送服务还是送礼品？

你可能遇到过这样的场景，走在大街上，突然出现一个拿着名片的推销员，拉住你喋喋不休地说：“今天我们有免费的礼品送，快来领一份吧!”等你到了他们所谓的免费送产品的地方，你会被一群推销员团团围住，轮番轰炸，直到你精神疲惫，领着他们的不免费的产品离开。

这种“以舍之名行取之实”的“拉客”行为让人反感。有戒心的客户根本就不会理睬那些“天上掉馅饼”的“免费”产品。这显然不是客户需要的“给予”。

推销员A向客户推销食用油，承诺给客户2个点的让利，并赠送小瓶装的食用油，客户满意地接受了。等推销员第二次向客户推销的时候，客户提出要拿3个点的让利。3个点的让利对推销员来说，没有丝毫收益，这笔交易当然没有成功。建立在利益上的交易时刻面临着利益分配不均的威胁。

对客户诱之以利，刺激客户购物欲的后果很可能是交易的失败。让利都有底线，没有“度”的把握，利益的纠葛会让你的付出完全没有回馈。

在营销过程中，我们凭什么打动客户呢？和客户的交易是建立在何种基础上的呢？

答案是：人性的优点——诚实守信。推销员和客户在诚信的基础上达成共识，那么交易的可行性和成功率就会变大。因此，你首先送给客户的，应该是你对客户的尊重和你的信誉，而不是引诱客户上当受骗的小恩小惠。

在人性之善上的给予，胜过利益的交换百倍。在善意和诚信上的给予，胜过一味地物质付出。给予有“度”，出让利益也需要对人情做充分的把握。

长期合作——做地老天荒的胜利者

请牢记，建立长期合作才能成为永远的胜利者。为此，你需要保持信誉，主动探知客户的动向，获取重复博弈的机会，在博弈过程中，拉长战线，分步合作，力求与客户合作更多的项目，构成牢不可破的利益共同体。

宋代陈元靓在《事林广记》中说：“路遥知马力，日久见人心。”时间久了，销售员和客户之间的博弈次数多了，对彼此为人行事各方面的了解越来越深刻，彼此间的信息不对称也逐渐被打破，双方在重复博弈的基础上，达到一种平衡。

一位先生想购买一栋别墅，他最后选中的别墅非常漂亮，唯一美中不足的是，别墅花园看起来荒芜冷清，杂草中间夹杂着一些枯萎的树枝，和美丽的庭院格格不入。于是这位先生入住后的第一件事就是找来工人清除杂草，然后种上各种美丽的花木。

不久，别墅的前主人因事路过，这位先生骄傲地带他参观新布置的花园。前主人看到焕然一新的花园，吃惊地问：“难道您不喜欢以前那些名贵的牡丹?”这位先生瞠目结舌，他居然将牡丹当成枯枝清除掉了。

后来，他又购买了一栋别墅，尽管这栋别墅的花园看起来更糟糕。但是他吸取教训，静待春天的来临。到了春天，亭子上的枯藤开出一串串绚烂的紫藤；到了夏天，池塘的烂泥中长出美丽的莲花；到了秋天，杂草般的野藤居然结出晶莹剔透的果子。

一年的等待，让他分辨出珍贵花木和杂草。即使是珍贵的花木，也需要时间来检验分辨。

木犹如此，人何以堪！不要以为客户掌握了更多的信息就是已方优势的丢失。尽管我们为老客户降低收益，甚至提供更多优惠，但这些花费都远远比不上开发一位新客户的投入！只有建立起长期合作的关系，我们才能成为永远的胜利者。

建立长期合作的关系

或许是一种偶然，销售员和客户之间产生一次彼此都非常满意的交易，在这一场博弈中，销售员热情周到的服务，真诚可靠的信誉，以及产品物美价廉的特性，都得到了客户的认可，而客户理性成熟的消费观同样得到销售员的好感。这是一场双赢的博弈，经过时间的验证，双方决定开展下一次博弈。

抓住合作的先机

当客户把你列在供货商名单中，你是否觉得此后就能得到更多的订单呢?

天上可能掉馅饼吗？显然不能。空坐家中也不可能得到更多的订单。所以，你需要增强和客户的联系。他最近遇到新问题了吗？他是否开拓了新的业务？他是否准备新的投资？他是否有新的需求?

把握客户的动向，才能在博弈中占据有利形势。抓住合作的先机，才能保证重复博弈的进行。主动联系客户，会带给你更多的惊喜。

保证可靠的信誉

信誉是销售员的无形资产，这种无形资产往往比有形的产品更重要。一旦建立起长期合作的关系，双方博弈的次数就无限次地增加了。

任何一方选择背叛，另一方都可以在下一次博弈时采取报复手段。惩罚机制的存在，让双方都不得不小心约束自己的行为。双方要在利益一致的基础上建立起诚信关系，而诚信关系的存在，又成为双方开展重复博弈的基础。诚信和重复博弈之间的良性循环有效地保证销售员和客户之间的双赢。在重复博弈的过程中，失信一次，就会损失掉之前积累的全部信任，进而损害双方利益。

分步合作，扩大接触面

兵法上，我们支持速战速决，拉长战线的结果必然是失败。但销售中，一个方案的实施必然是分步骤进行的。一次交易也不仅仅是客户付款，销售员收钱就完事。销售之前的推销，之后的售后服务，都是博弈的组成部分。风险大的交易，分担到各个环节之后，相应的风险也就降低了。一旦某个环节出现问题，双方都可以及时抽离，有效防止损失扩大。因此，背叛的可能性也大大降低。

销售员和客户合作的项目越多，双方的共同利益就更多，“背叛”可能导致的惩罚也就增强了。唯一取胜的方法就是遵守共同的准则——诚信。在此基础上，客户和销售员齐心协力，即可实现共赢。

请牢记，建立长期合作才能成为永远的胜利者。为此，你需要保持信誉，主动探知客户的动向，获取重复博弈的机会，在博弈过程中，拉长战线，分步合作，力求与客户合作更多的项目，构成牢不可破的利益共同体。

第 11 章

谁是你的老客户，谁又是你的推荐人

你是否从未推开过那些写着“谢绝推销”的大门？是否曾在登门拜访时铩羽而归？

但是，如果你拥有老客户的推荐，那么成交即可水到渠成。

是否面对客户的质疑百口莫辩？是否分辨不清哪些才是可能购买产品的潜在客户？

有了推荐人的一句话，“众里寻他千百度”的客户，也就在蓦然回首之间。

现在，你要想清楚的是——谁是你的老客户，谁又是你的推荐人。

让客户从冷变热

当你不把拜访当成一种工作的时候，当你不再一本正经地和客户谈及产品的时候，你会发现，其实客户愿意和你交流更多关于兴趣和爱好等内容，且更容易营造轻松愉快的谈话氛围，还能帮助你更快获取客户的好感和信任。

你是否常为这些问题困扰：

如何才能与客户建立友好的关系？

如何进行一次友善的拜访？

如何在拜访中营造热烈的谈话氛围？

在推销的过程中，你需要取得客户的信任，并建立起友好的关系。怎么才能取得客户信任和好感呢？你需要和客户拉近关系。

拉近关系的第一步，应当是主动拜访客户，让客户认识你和你的产品。无论对谁而言，第一印象都非常重要，做好首次拜访，意味着你已成功了大半。

一次成功的拜访，重点就在于营造轻松愉快的谈话氛围。

第一，遵守客户拜访守则

随意拜访陌生客户是一种不理性的推销行为。它会浪费你的工作时间，还会影响客户对你的看法。摆脱投机式拜访的要点只有短短的三条，但每一条都能够让你受益一生。

请记住：

首先，永远不要拜访那些不期待你到来的客户

那些任何时候都紧闭的大门绝不会为一个陌生的来访者打开，那些质疑警戒的眼光绝不会因你而消失，那些粗暴愤怒的拒绝永远不会为你改变。这世界上总有那么一些人喜欢走极端。这些人对推销讨厌到了怨恨的地步。你的到来不会改变他们对推销的恨意，反而会让这些恨意伤害自己。你只是一个推销员而已，不是为人们治疗偏执的医生。

其次，永远不要拜访那些不愿意和你谈话的客户

拉近人们的关系，让人们互相理解的方式就是推心置腹的谈话。或许他们并不曾向你表明拒绝的态度，但是在你真挚的请求下不为所动，绝不告诉你他们的意见和看法的时候，你怎么能指望从他们紧闭的口中得知他们的真实意愿呢？沉默本身就是最强硬的拒绝。不要试图撬开不愿开口的嘴，有那段时间里，你或许已经找到对你更亲切友好的客户。

最后，永远不要向客户推荐产品本身而应是产品能给他带来的益处

客户购买眼镜，他想要获得的显然不是眼镜本身，而是眼镜带来的清晰视力和时尚风情。只说这个眼镜的镜框多长、多宽，还有镜架多长，无聊的数据绝不是顾客想要听到的。

他们更希望你告诉他们，这款型的眼镜适合他的脸型，让他看起来彬彬有礼；这种镜片能提供非常清晰的视野。比起产品本身，客户更喜欢听到，产品为他们生活或工作带来的益处或提供的方便。

第二，用事例说话

你在拜访客户时只谈你的产品？

如果客户并不感兴趣呢？你就带着你的产品和介绍转身离开？

不！你得认真思考，在你干巴巴的介绍之外，客户还想听到些什么。

答案是更多的实例。告诉客户某位使用者的经历，他选择产品的心路历程，他的需求和产品的契合度，他使用产品的心得体会等。

用事实来说话，这简直太重要了。我猜，你肯定也不会喜欢那些干巴巴逐条列出的销售原则和注意事项。大段大段的议论会让人觉得枯燥乏味，同样地，你那滔滔不绝的长篇大论肯定也不会给客户好感。

你需要调整，需要客户的配合和互动。注意观察客户的表情和神态，如果是他喜欢的话题，那么他的视线会跟着你转动；如果他不喜欢，那么他会沉默，视线转向各处，甚至不时打呵欠。如果客户不配合，你至少有可以吸引客户注意力的事例，或是干脆洒脱地用自嘲为自己解围。

记住，一个有血有肉的故事往往更能引起人们倾听的意愿。

第三，寻找销售以外的话题

拜访客户，联系感情比推销产品重要。所以当客户不喜欢你的话题时，不妨撇开产品，谈点有意思的内容。

你是否与客户有共同爱好？

推销员到客户家拜访的时候，无意间看见客厅里摆着一张客户的女儿弹钢琴的照片。于是话题就围绕着女儿和钢琴展开了。推销员问起客户，客户非常骄傲地告诉他，自己的女儿4岁开始学钢琴，现在已经拿到钢琴8级证书。

客户说起钢琴曲来头头是道，刚好推销员对此也有所了解。在他适当地表示出对钢琴曲的理解时，客户高兴地顺着这个话题继续下去，开始讲述自己一家对音乐的爱好。

推销员专注地倾听客户的谈话，不时提一两个问题表达自己的关注。一番交流之后，尽管推销员说得不多，但客户已经认为他是一个懂得欣赏、热爱生活且有情趣的人，好感随之产生。

客户愿意谈自己当然是最好的，如果客户不愿意谈及自己。那么不妨用自己的兴趣爱好作试探。可以先含蓄得体地介绍自己的兴趣爱好，人们习惯用秘密交换秘密，当你向客户敞开胸怀，客户才会对你有更深的认识，才会有和你交谈的意愿。体育、财经、娱乐、美食、休闲等都可以作为打开沉默氛围的钥匙。

当你不把拜访当成一种工作的时候，当你不再一本正经地和客户谈及产品的时候，你会发现，其实客户愿意和你交流更多关于兴趣爱好等方面的内容，且更容易营造轻松愉快的谈话氛围，还能帮助你更快地获取客户的好感和信任。

“谢绝推销”——拒绝的到底是谁

设想一下，假如你是客户，你会怎么对待每天发往你手机上的推销短信？当你忙于家务的时候，你是否愿意停下家务，来倾听一位推销员的长篇阔论？你是否愿意每天从众多的推销邮件中筛选你需要的邮件？你有耐心在上班的时间放下工作，只为了听推销员介绍产品吗？

你也许曾经为客户每一扇门上大大的“谢绝推销”感到沮丧。你也许曾因客户不留情面地拒绝而尴尬难堪。客户从门缝里上下打量试图闯入家中的陌生人——推销员，满怀戒心小心翼翼地和你交谈，当你说明来意之后，礼貌客气但饱含冷淡疏远地说“对不起，我不需要”，然后关上大门，你或多或少会感到沮丧。

你也许曾经每天从早到晚地拜访客户，但是最终拿到的订单却寥寥无几。你也许连着一个月给客户打电话，但客户一次面谈的机会都不曾给你。你也许给客户寄去大量的产品资料，但客户始终不闻不问。

你总以为，下一单生意就是下一个客户的门。但事实上，并不是如此。

所以，增强成功的随机性，开始冒险的投机行为，只能是不断地被拒绝。不要认为，当一个人拜访 50 位客户之后，会获得 1 份订单，而要想扩大订单数，就必须增加拜访的次数，250 次拜访就是 5 份订单。

这是进步吗？50 比 1，成功率为 2%。250 比 5，成功率依然只有 2%。为了取得这 5 份订单，付出的时间和精力远超过你的收益。拜访的客户数量庞大，筛选便会粗劣，过程必定简单，方式肯定直接，服务的水准远不如前，因此成功的可能性大幅降低。这就像某些工厂为追求利益而降低成本，结果产品质量下降，利润也降低了。

不要理所当然地认为自己付出了就一定会有收益。对销售而言，付出没有任何意义，有意义的是，客户接纳了你的付出。只有这种付出，才能算是有价值的。否则，那些日夜不停地拜访，只是你在折磨客户，也折磨自己——因为你要通过骚扰 250 个人，以得到 5 个订单！

那么面对“谢绝推销”，你应该了解以下几点。

“不良骗子”是“谢绝推销”的主要对象

设想一下，假如你是客户，你会怎么对待每天发往你手机上的推销短信？当你忙于家务的时候，你是否愿意停下家务，来倾听一位推销员的长篇阔论？你是否愿意每天从众多的推销邮件中筛选你需要的邮件？你有耐心在上班的时间放下工作，只为了听推销员介绍产品吗？

你一定同我一样深信没人能忍受一天24小时的骚扰。现在，你回头想想客户恶狠狠的拒绝，或许会感到可以理解。

没有无缘无故的爱，也没有无缘无故的恨。一种恶意的产生，总能找出它的缘由。推销员的形象已经被无孔不入的推销电话、死缠烂打的求购、枉顾客户隐私甚至欺骗顾客的行为破坏殆尽。尽管你是清白的推销员，但客户能用什么把你和那些品行不良的骗子区分开呢？

没有调查实情，意味着被“谢绝”

一位推销员信心满满地开始他的推销之路。在正式拜访客户之前，他做了大量工作，筛选出可能购买产品的公司，调查公司所在的地址，公司有决策权的高层管理人员的姓名和电话。

他首先给公司管理人员寄了一封信，介绍产品相关的内容，并表达了想要面谈的意愿。一周过去了，信件没有回音。推销员又寄了一封信，在这封信的末尾，推销员告诉经理说，他准备下周一前去拜访。一直等到这周五，推销员还是没有等到经理的回信。

周一的时候，他仔细检查自己的着装和携带的名片，精神饱满地到了公司的门口。前台接待员询问他的来意。他面带微笑地说，想拜访某某经理。结果接待员的脸色变得非常怪异，再三询问是否接到经理的电话通知。

推销员认为自己已经写过拜访信，为了顺利地通过接待员的审查，他点头说，早上接到经理的电话。当他以为他可以见到那位经理的时候，接待员却叫来另一位异常严肃的主管。他被带到小会客室谈话，主管对他左右盘问，最后他说出了实情，其实他只给经理写过两封信，还有一段电话录音。接待员找出那两封信，根本没有拆开的痕迹。主管告诉他，一个月前，经理重病住院，已于半个月前不治而亡。

推销员目瞪口呆地被主管客气地请出公司。

很多时候，我们都会犯这种主观主义的错误，以为事情应当是这样，然后理所当然地就做了。可是事实有时候并不会按照我们的意愿进行。采用媒介的方式联系客户，你需要更加小心谨慎。有时公司的人事任免还没有公布到网上，你不了解情况就贸然给前主管打电话或寄信，后果可想而知。没有人会看到那些信件，至于电话留言，可能根本就不会传达到现任经理的办公室。

是的，“谢绝推销”就是给没有真正调查的人准备的。

找到正确的方法和技巧

用信件、电话、传真、传单、电视、广播做宣传就能获得订单的时代已经过去了。曾经人们愿意接受那些走街串巷的货郎，他们是最早的传销和直销员。但是现在，人们不再愿意相信那些送到家门口的便宜的产品，他们愿意信任那些遍布全国的大大小小的连锁超市。对人们来说，那些大型的、超大型的商场才有可信度，因为它们不会一转眼就从眼前消失掉，时间证明了它们的信誉。

看看电视直销里面那些销售员夸张的语气和动作，那些大惊小怪的尖叫和喝彩，活像一群哗众取宠的“小丑”。每当看到这样的节目，即使是作为推销员的你也会不屑一顾。真正好的产品，有着它独特深厚的底蕴，这样大呼小叫地作秀，没有任何生产背景的介绍，就好像那些电子产品、那些珠宝饰品就是这么凭空出现的，既没有信誉可靠的厂家，也没有专业的设计员。

为了和投机者、骗子分开，你需要用更恰当更稳健的策略来接近戒心深重的客户，不要对自己的产品大肆吹嘘，也不要为了迈进客户的大门花言巧语，你需要看得见的权威为你的信用作担保，厂家正式的介绍信或者客户朋友的介绍信是你拜访客户最好的通行证。

当然，做到这些，如果你面对一块“谢绝推销”的牌子，就告诉自己：“我很幸运，不属于此类！”

老客户是最好的新客户

忠诚的客户愿意购买更多的产品和服务，并且伴随着客户收入水平的提高或经营规模的扩大，客户的需求量也会随之增加。因此，从老客户那里，你会获得更多业务。

当你成功向客户售出产品时，你是否觉得你已经完成销售工作？你是否觉得你已经把所有的产品都推销给了客户，并且再也找不到可以推销的产品？你是否想开发新客户来代替老客户？

如果你有上述想法，那么你注定会是一个失败的销售员。一个终身的客户意味着持续的成功。获得客户的信任，是一个漫长的过程。流失一个老客户，你至少需要十个新客户才能填补你的损失，而至少需要百倍的花费才能重建信任关系。放弃已经拥有的信任，却花费大力气去建立新的信任关系，这种行为就像放着自家的美味奶酪不吃，却去偷邻居家的牛奶来做奶酪一样蠢。

请牢记，老客户才是最好的新客户。

老客户带来竞争优势

美国销售之父杰弗里·吉默特如是说：“在相同的情况下，人们愿意和朋友做生意；在不同的情况下，人们仍然愿意和朋友做生意。”

拥有老客户的友谊，是你最大的竞争优势。你的竞争对手能抢走一个客户，却抢不走一位朋友，并不是最优秀的产品、最优质的服务和最低廉的价格就能获得客户的认可，客户有时愿意为朋友放弃更优惠的价格和更多的利益，一位对你忠诚的客户不会轻易放弃你和你的产品。

开拓新客户，你得进行市场调查，了解他的发展动向，有针对性地宣传产品，还得让出更多利益吸引客户。这里面的每一个环节都将消耗大量的人力、物力和财力。投入增加，产品的成本也增加，你的竞争力将会降低，而你的受益也会减少。反之，对老客户而言，或许一次轻松愉快的谈话，就能维护彼此之间的友好关系。你可以用朋友的身份邀请客户私下交流，聚餐和聚会都不会在花费上增加你的负担，只要维护好友谊，就能保证你的利益。

老客户带来高效率

服装专柜的新款上市，不需要导购员的反复介绍，喜爱这个牌子的客户会主动前来询问。一旦有了新款，她会立即试穿，如果满意就会当场穿走。这个过程可能不会花费你一个小时的时间！而新接触这个牌子的客户则需要导购员花大量时间在介绍和试穿上。新客户会犹豫不决，她不确信自己是否适合这件衣服，说服新客户，让她满意，你也许需要一个下午！

向老客户推销产品的好处在于，如果他确实觉得满意，他会毫不犹豫地买下它。因为他相信你，也熟悉产品的性能功用，对你的售后服务也有信心。而向新客户推销产品就不那么容易，尽管他可能也满意你的产品，但他未必会马上购买。他会反复求证，仔细思考，直到认为你确实可信。在新客户反复求证的过程中，大量的时间被消耗了，对任何推销员来说，时间都意味着效率。

老客户带来新客户

美国著名推销员乔·吉拉德为我们总结出精辟的“250”定律，每位客户的背后都有250位亲朋好友。如果你赢得了一位客户的好感，那么你将赢得250个潜在客户的好感；反之，如果你得罪了一位客户，也就得罪了250个潜在的客户。

当你和客户建立起稳固的友好关系时，通过客户的介绍，你能够获得更多的信任，这些信任来自他的亲朋好友。你的信誉和产品将在他的朋友圈子里口口相传。当老客户的朋友们需要类似产品时，他们首先就会想到你的产品。你甚至不需要对他们做更多的推销，你只需要对这些新客户同样热情周到，并保证同样的信誉。经验告诉你，没有哪种销售像这样简单！然而拥有老客户，你就能做到这么简单！

老客户带来更多的业务

当你和客户建立长期友好合作关系时，客户对你的忠诚度会大大增加。只要客户持续获得收益，那么他必定会有持续的产品需求。他对你的一个产品满意，必将会引起他对你其他产品的兴趣。以苹果为例，许多使用过苹果产品的客户都对它的新产品产生强烈兴趣，每次苹果推出新产品时，全球范围的供货不足就是明证。对苹果这个牌子忠诚的客户甚至会收集苹果推出的每一款产品。

忠诚的客户愿意购买更多的产品和服务，并且伴随着客户收入水平的提高或经营规模的扩大，客户的需求量也会随之增加。因此，从老客户那里，你会获得更多业务。

你需要这样留住老客户：

第一，明确客户要求，积极满足客户的需求。给予老客户更多的优惠，让每一位老客户感受到你的重视。给老客户量身定做产品套装，附上迅捷细致的售后服务。

第二，和老客户保持紧密联系，保持良好和睦的关系。客户不仅希望得到产品，还希望得到值得投入的友谊。信任需要情感交流来培养，客户需要你的尊重和理解。

第三，及时和老客户沟通交流，让客户知道你和你的公司在营销策略上的新变化。即使没有购物计划，他们也希望了解产品和服务的新策略，也希望知道新推出的产品性能和功用。

第四，提供机会让客户参与产品宣传。客户对产品付出越多，产生的感情也越深厚。客户参与越多，对产品的认同度越高。与客户互动宣传产品，既能够为新客户提供有力参考，也能培养客户对产品的忠诚度。

第五，听取客户的反馈意见，并及时加以改进。积极主动地询问客户对产品的意见，及时排除客户的不满，让客户感受到你对他的重视和关怀。

客户往往选择与能够成为朋友的销售员做生意

客户不是傻子，当你的脸上赤裸裸地写着利益，你的嘴里满是曲意奉承的花言巧语时，他们绝不会对你和你的产品有好感。没人会和一个只想要从自己口袋里掏出钱财的人做朋友，是真心还是假意，客户自有火眼金睛来分辨。

司马迁在《史记》中说："天下熙熙，皆为利来。天下攘攘，皆为利往。"但人与人之间的交往仅仅是为了求得利益吗？

现代营销学之父菲利普·科勒特认为销售员有五种类型。

基本型，将产品销售给客户后就对客户不闻不问的销售员。

被动型，当客户遇到问题时，把责任都推脱给公司的销售员。

负责型，售出产品后会主动联系客户的推销员。

能动型，主动向客户咨询产品的优缺点并介绍新产品的推销员。

伙伴型，与客户一起积极寻求最佳利益合作模式的推销员。

在五种推销员中，伙伴型推销员往往能做到销售行业的顶尖位置。合作伙伴在营销中不仅仅代表长期合作，还表示客户与销售员有共同的利益或共同的目标。客户会选择性价比最高的产品，也希望和最欣赏的人合作。前者由产品本身决定，销售员角度能够左右客户意见的关键就是后者——选择自己最欣赏的人，即选择那些能成为朋友的销售员。

做伙伴型销售员

客户会和什么类型的销售员交朋友呢？孔子认为，对自己有益的朋友有三种，有害的朋友也有三种。结交正直的朋友，诚信的朋友，见闻广博的朋友，是有益的；结交阿谀奉承的人，两面三刀的人，花言巧语的人，是有害的。

在和客户交往时，态度需真诚，言行需诚信。

销售员甲第一次拜访客户的时候，刚敲开门，一位怒气冲天的老太太就对他大吼大叫：“你们这些该死的骗子！不要出现在我眼前！”说完“砰”一声甩上门，几乎撞到销售员的鼻子。知道这事的同事们都劝甲放弃那位顽固的老太太，“她就像仇恨臭虫一样仇恨推销员”。

甲笑了笑，不置可否。两个月后，同事们发现一个令人震惊的事实，那位老太太居然笑容满面地和甲一起参加了一次产品使用者的聚会！同事们追问甲是如何打动这位顽石般的老太太的。甲轻描淡写地说，我不过每天陪老太太散散步罢了。

原来推销员甲向老太太推销的正是一款适合老年人使用的便利拐杖。老太太喜欢出门溜达，但是腿脚不便，每次走一小段路就没法坚持了，不得不折回家中。为此，她感到非常烦恼，脾气也变暴躁了。

甲在一次拜访途中发现气喘吁吁的老太太，于是他出借了自己推销的产品，一根可以当凳子用的拐杖。两人约定在下次散步的时候归还拐杖，但是这个下次被无限推后。两个月之后，甲获得老太太的友谊，也获得了老太太的订单，她决定把这个好用的拐杖送给她的老朋友们。

用真心才能换回真心。客户不是傻子，当你的脸上赤裸裸地写着利益，你的嘴里满是曲意奉承的花言巧语时，他们绝不会对你和你的产品有好感。没人会和一个只想要从自己口袋里掏出钱财的人做朋友，是真心还是假意，客户自有火眼金睛来分辨。

做客户需要的朋友

朋友的范围很广泛，一起上学的同学，一起上班的同事，有血缘关系的亲属，都可以被称为朋友。但是，需要注意的是，销售员和客户之间的定位应该是商业朋友，有明确的利益分配和各取所需的要求，是基于共同利益和长期合作的伙伴。

如果仅仅是吃饭聊天，没有贸易往来，那么你和客户之间也仅限于一般朋友了，这是我们不愿意看到的。做客户的朋友，还要做客户需要的朋友。

推销员乙向一位客户销售一套定做的家具，全木的家具制作精美，品相上乘，与客户的装修风格非常吻合。乙给客户介绍了家具保养的注意事项，在家具安放和布置上给客户中肯的意见。安置好家具之后，客户及家人都非常满意。此后乙多次回访，和客户交上朋友。

一年之后，客户要搬家到一栋大房子去。大房子的空间和家具的尺寸很难调和，衣柜太小，椅子又太大了，为此客户很烦恼。乙积极为客户出谋划策，不如把整套家具分开放，尺寸不合适的地方也可以再修改。乙和客户一起测量房间的大小和家具的尺寸，最后完美地解决了家具的安放问题。

客户感激乙的帮助，又从乙处订购一些新的家具，还把自己有购买意向的朋友介绍给乙。

和客户交往的过程中，需要时时记住自己的责任，为客户服务，为客户解决困难，满足客户的需要。当客户把你当作危机解决专家，愿意向你求助的时候，你也就得到了客户对你的认可和信赖，从而确保你和客户之间长久的利益往来。

保持平衡，做取暖的刺猬

两只刺猬想要抱在一起取暖的时候，必须保持合适的距离。距离太近，会被对方的刺扎伤；距离太远，就无法从对方身上得到温暖。

销售员和客户也是如此，在推销时，只考虑自己的利益，无疑会对对方造成损伤；全然退让，又不符合自己谋求利益的需求。

当你因公事和客户建立私交之后，做到公私分明很重要。公，是指共同的利益，这是有原则的约定。私，是和客户的交往，是建立在个人人格魅力上的友好关系，不涉及利益的分配。你不应当用私交纠缠客户购买产品，也不能答应客户私下请求更多的共同利益。一旦公与私混为一谈，丧失了公平交易的原则，那么你和客户之间，既不能保证私交的和睦，更不能保证长期合作关系的持续。

友谊和利益孰轻孰重，在一般情况下很难分清楚。但是，公事面前，利益为重；私交方面，友谊为重。分清公私，坚持原则，相信客户更能欣赏这样的朋友！

推荐人的一句话，往往是“一言九鼎”

在销售的过程中，我们需要对推荐人有充足的重视。在充满信任危机的今天，一位可靠可信的推荐人往往比你的保证和承诺更有效。如果你能找到与潜在客户关系亲密且专业权威的推荐人，那么你的推销过程会变得无比轻松容易。

在销售中，取得客户的信任是一个非常艰难的过程。电话、传单和登门拜访的可信度几乎被声名狼藉的传销员们破坏殆尽，推销员也很难再从这些传统的渠道取得客户的信任。这是令人多么绝望的事实！但是，推荐人的存在让我们看到了曙光。

销售是一种口碑至上的业务

口碑代表了商场中的舆论，引导着客户对产品的看法。当你的产品出色，并且提供周到细致的服务时，客户可能会向他的亲友谈起你热情周到的服务和物美价廉的产品。当客户的亲友听了客户的介绍，购买你的产品和服务，都觉得满意的时候，更多人知道你的名声——物美价廉，服务周到。这时你就拥有了“口碑”。

推销员向客户推销产品，客户却对产品持有疑问。解决这种疑问，推销员还必须向客户销售自己的服务——售后和维修。产品的好坏，客户可以直观地判断；服务的好坏则很难在签订单的时候判断出来，客户无法从合同和保修卡中看出售后和维修的好坏。不能确定服务的好坏，往往是获得订单的阻碍。

在消除客户疑虑这个问题上，口碑和推荐人就能起到非常关键的作用。当潜在客户通过第三方——推荐人接触到产品的时候，推荐人用他自己的信誉保证你的产品，而潜在客户则将他对推荐人的信任扩大到你和你的产品。通过推荐人先期测试的推销员能让潜在客户对产品和服务有更多信心。

在拥有“口碑”的情况下，如果有客户认识的推荐人为你的产品做担保，表示信任，那么客户的疑虑就能轻松解除，你也能够顺利获取订单。

信任交付给亲近的人

宋国有一个富人。他家院子的围墙被暴雨冲垮，出现了一个缺口。邻居家的老人劝他说，你还是早点把围墙修整好吧，这样坍塌着很容易有贼进来，富人的儿子也这么说。可是富人没有重视这处坍塌的围墙。结果当天晚上，富人家里进了盗贼，丢失了许多钱财。富人觉得儿子很有远见，却怀疑是邻居家的老人进来偷了东西。

这就是有名的智子疑邻的故事。人们对待事物的态度，总因感情的亲疏远近有截然不同的看法。这就是人与人之间的信任问题。

朝夕相处的亲人朋友，彼此之间非常熟悉，他的言行举止乃至道德品行都在你的视线之内，你很容易发现其中可信或不可信的特点。

而对那些我们不太熟悉或完全缺乏了解的陌生人，谁都没有办法全然相信他说的每一句话，特别是当他想要引导你的想法，试图同你合作的时候。

一个泛泛之交的朋友告诉客户他使用某种产品达到的效果很不错，并建议客户也使用这种产品。客户听到之后，当时可能微笑地附和，但转身之后就可能把这件事忘个干净。

但假如是关系亲密的人向他介绍产品，效果可能不一样，他会认真听取朋友的意见，并记在心里，在需要的时候可能首先选择这种产品。

在推荐人的选择上，那些和客户关系更加亲密的推荐人显然更占优势。

权威的意见更重要

客户会信任他们身边的朋友，但是这种信任也有细微的区别。在生活和工作中，客户可能面临不同领域的问题，购买电脑、孩子教育、购买衣饰等。关于电子产品的问题，他们会首先向朋友中的电脑高手请教；关于教育，他们会咨询做教师的朋友；关于穿着打扮，他们会咨询朋友圈中公认的衣着品位高雅的那些人。

从这一点上，我们可以确信，一位具备专业知识的推荐人，他的意见更能让客户接受，这就是权威的力量。电脑高手看中的电子产品肯定是各类产品中更优秀的，因为计算机是他的专业领域，在这个领域里，他了解的东西更新、更详尽。

在女性购买衣物的时候，我们常常会看到客户不停地试穿衣服，并不断询问身边同伴的意见，那些得到同伴认可的款式显然更受到客户的青睐。

在男性购买电子产品的时候，我们同样可以看到客户和同伴的组合，客户会重点试用同伴推荐的品牌和型号，在同伴推荐的型号中做选择。

宣传产品的广告词中，也有一句经典名言："经专业机构权威验证。"销售中也是如此，在某个领域有专长的推荐人能让客户更快接受这个领域的产品。

因此我们在选择推荐人的时候，找到那些专业领域的权威人物，那些话语权更强势的人才会对客户产生"一言九鼎"的效果。

在销售的过程中，我们需要对推荐人有充足的重视。在充满信任危机的今天，一位可靠可信的推荐人往往比你的保证和承诺更有效。如果你能找到与潜在客户关系亲密且专业权威的推荐人，那么你的推销过程会变得无比轻松容易。

当你被引荐给其他客户的时候

当你将引荐客户变成新客户之后，请及时和老客户保持联系。与老客户一起分享你的成功，让老客户也能获得成就感。获得引荐之后就对老客户不闻不问，或是闭口不谈引荐人的情况，都会降低客户引荐的热情。

当你被老客户引荐给其他客户的时候，你的心里马上出现这样的想法，我的人际关系网络又扩大了，我的客户名单中即将增加这一位客户的名字。

引荐客户是最有潜力、最容易开发的潜在客户。你会发现，引荐式营销能让你轻松愉快地完成一系列业务。在日常生活中，我们可能非常讨厌那些纠缠不休、无孔不入的推销员，但是我们不会讨厌朋友的分享和唠叨。事实上，比起那些高谈阔论、无所不知的推销员，我们更愿意相信朋友三言两语的简单推荐和介绍，我们更乐意尝试朋友推荐的产品，哪怕它可能不适合我们。

一位保险代理人以诚实可靠、认真负责的态度和客户交上朋友。客户购买他介绍的保险产品，大大缓解了理财压力。保险代理人询问客户是否还有其他朋友需要办理相关业务，客户便向朋友介绍保险代理人的情况，引起朋友的兴趣。于是保险代理人被客户引荐给他的朋友。一段时间后，这位朋友成了保险代理人的新客户，保险代理人已有的良好信誉通过客户有效地传递给朋友。引荐让保险代理人的推销之路变得平坦。

看了这个案例，你有怎样的体会呢？

让自己更加可信

在大多数人看来，朋友是值得信任的，而推销员相反。朋友的立场是维护两人的友好关系，而推销员则是维护自己的利益。两者相比较，应该信任谁不言而喻。

没错，要达成你的目的，你需要保证良好信誉，更需要高品质的服务。根据客户的需求提供最恰当的服务，让客户确信你是站在朋友的立场上，帮助他解决困难。你不仅为客户带来产品，还带来更多利益。这样，你和客户成为朋友，你们的来往不仅是利益的交换，还有情感的交流。当你和客户成为朋友，那么你距离成功又近了一步。

尽管大多数热情的人愿意把好东西和朋友一起分享，但客户不会把未经试用的产品介绍给朋友，也不会把陌生的推销员介绍给熟人。他们希望与朋友分享好的产品和服务，从而增进朋友之间的感情。如果因不良的产品和推销服务对他们之间的友好关系造成伤害，这是客户完全不想看到的结果。

因此，当你和客户成为朋友，获得他的信任并认可你的产品和服务时，你就获得了被引荐的机会。

寻找潜在客户

当你选择电子产品时，你更看重懂行朋友的建议还是营业员的介绍？

当你需要一位钟点工时，你会选择到服务公司询问还是向你的朋友征求意见？

朋友不会拒绝你的求助，我们更愿意帮助那些我们喜欢的人。你可以用朋友的身份坦率地告诉客户："嘿！伙计，你知道还有谁需要我的产品吗？我需要你的帮助！"

你可以向客户描述你的理想客户。向客户打听还有谁曾经表示对同类产品的兴趣，或是有相同的购买需求。客户多半不会拒绝一个朋友的请求，于是客户的交际圈子向你打开了。拥有更广阔的人际关系网络，也就意味着拥有更多的潜在客户。或许客户介绍的朋友目前并不需要你的产品，但是以后的时间呢？朋友的朋友呢？这些都是可以累积的人脉，总有一天它们会发挥出应有的作用。

在引荐的过程中，稳妥的推销员不会这样做：

第一次会面就表现出强烈的推销意愿。没有见面就通过电话或网络进行推销。你应该首先当客户是朋友，你们需要联络的是感情，而不仅仅是业务。不要让潜在客户觉得你很功利，要让客户觉得，你需要的是朋友，而不是买家。

成功的推销员会这样做：

让客户为你的信誉作担保，努力让引荐客户认为你是值得信赖的朋友。亲自拜访引荐客户，为引荐客户提供超值服务，以行动证明自己的信誉。这样会让引荐人脸上有光，也能提升你的可靠性。

及时回馈老客户

当你获得老客户的引荐时，不要忘记对老客户说一声"谢谢"。你真诚的谢意会让老客户感受到他们的付出是有意义的，他们的引荐是重要的，他们的友谊对你来说是珍贵的，感恩是一种值得赞美的品德。这样，你和老客户之间的关系将更加牢固。

当你将引荐客户变成新客户之后，请及时和老客户保持联系。与老客户一起分享你的成功，让老客户也能获得成就感。获得引荐之后就对老客户不闻不问，或是闭口不谈引荐人的情况，都会降低客户引荐的热情。

美国营销专家比尔·凯茨说：“世界运转的方式，就是通过其他人与别人接触，而引荐就是让我们进入其他人生活的最好方式。”在营销过程中，关系就是一切。让自己值得信任，才能让客户为你推销；让客户得到超出预期的服务，才能保证你的信誉经由客户有效地传递给引荐人；让客户听到你的道谢，才能获得更多引荐的机会，才能扩展关系网，获得更多业务。

后　　记

大多数情况下，销售工作靠的不是体力，而是智力，销售人员在具体工作当中要懂得运用销售中的博弈论，这样才可以让销售工作更有成果。

纵观那些卓有成效的销售高手，他们都不是靠磨破嘴皮和跑断腿来赢得销售成功的，事实上，这样去做往往不会获得大的效果。真正的高手都懂得在销售之外下功夫，他们懂得化用绝招，使用各种或明或暗的技巧。有时候，他们也许并不怎么滔滔不绝地向客户推销，但客户就已经被他们俘虏。他们抓住了客户的心！客户就像一条鱼，他们知道这条鱼最需要什么，所以鱼总是上钩。

本书正是从实用角度入手来写的一本实战秘诀！这本书在参阅各类销售图书的基础上，去伪存真，结合自身实践体验道出销售的绝密方法。没有任何保留和隐瞒，像竹筒倒豆子般传授读者一些实用的心得和感悟，如果您看了之后有所收获，这就是笔者最大的快乐。书中写出在销售环节中可能遇到的一些问题，并给出诸多解决方法和原则，同时附有生动的销售案例，这些案例都来自现实生活，相信您看了之后会心领神会。这些都会让你更加了解客户的心理特点，帮助你跟他们建立起一个融洽的合作关系，这样一来，你就会在销售工作中得到业绩的提升，从而改善自己的生活，改变自己的命运！

通过本书的学习，你的销售技巧将更上一层楼。希望你能更快地进入销售的理想状态之中，你把本书活学活用之时，也正是你修炼成功之际！

在本书创作过程中，特别感谢南京师范大学心理学硕士李抗先生提供大量销售心理学方面的指导和建议，而且本人采访了销售工作者徐如强、宋云、崔秀花、刘国政、崔中华、辛明亮、韩新民、吴江涛、魏国昌等，聆听他们讲述实际销售经验，获取了大量第一手资料，对本书实用性增色不少。

同时，笔者还深入调查实体客户贾亦真、海文琪、王秀兰、张森荣、王忆平等人在被推销和购买时的心理变化，这也使本书更加客观、真实。另外，特别感谢张新秀、刘燕洒、魏素娟、陈建伟、宁月玲等人提供的文字写作方面的指导和建议。没有你们的支持和协助，这本书是不可能完成的，正是众人的共同智慧，让本书拥有了生命和价值，在此不胜感激！